我和我的祖国

新中国成立七十周年

广东家庭故事

广东省文明办 广东省妇女联合会 ⊙ 编
杨世强 李慧云 ⊙ 主编

南方日报出版社
NANFANG DAILY PRESS
中国·广州

图书在版编目（CIP）数据

我和我的祖国 ：新中国成立七十周年广东家庭故事 / 广东省文明办，广东省妇女联合会编. -- 广州 :南方日报出版社，2019.11

ISBN 978-7-5491-2104-5

Ⅰ. ①我… Ⅱ. ①广… ②广… Ⅲ. ①家庭－精神文明建设－先进事迹－广东－1949-2019 Ⅳ. ①D649

中国版本图书馆 CIP 数据核字(2019)第 235232 号

WO HE WO DE ZUGUO：XIN ZHONGGUO CHENGLI QISHI ZHOUNIAN GUANGDONG JIATING GUSHI

我和我的祖国——新中国成立七十周年广东家庭故事

编　　者：广东省文明办　广东省妇女联合会
出版发行：南方日报出版社
地　　址：广州市广州大道中 289 号
出 版 人：周山丹
责任编辑：黄敏虹
责任技编：王　兰
装帧设计：刘　彬　刘武华　林　山
责任校对：裴晓倩
经　　销：全国新华书店
印　　刷：广州市岭美文化科技有限公司
开　　本：787mm×1092mm　1/16
印　　张：16.5
字　　数：249 千字
版　　次：2019 年 11 月第 1 版
印　　次：2019 年 11 月第 1 次印刷
定　　价：68.00 元

投稿热线：（020）87360640　　读者热线：（020）87363865

主编

杨世强　李慧云

副主编

邓宝君　刘　彬

参编人员

马伟强　王　娟　刘婷婷
刘武华　林　山　欧阳可翀
曾绮媚

前言

2019年，中华人民共和国成立70周年。

70年来，中国共产党团结和带领全国各族人民，砥砺奋进，顽强拼搏，实现了经济社会跨越式发展。

1952年到2018年，我国GDP（国民生产总值）从679.1亿元跃升至90.03万亿元，实际增长174倍；人均GDP从119元提高到6.46万元，实际增长70倍。2018年我国居民人均可支配收入比1949年实际增长59.2倍，居民人均消费支出比1956年实际增长28.5倍。人民生活水平大幅提升。

70年来，教育、文化、医疗卫生、体育、社会保障、扶贫脱贫、生态环保事业全面发展。我国人均预期寿命从35岁上升为77岁，森林覆盖率从1976年的12.7%提高到2018年的22.96%。

70年的自强不息，中华儿女书写了今天中国的繁荣。而广东翻天覆地的巨大变化，更是1.13亿广东人民勇于担当、追求梦想创造出来的。

广东全省地区生产总值从1949年的20.3亿元增加到2018年的9.7万亿元，连续30年位居全国第一，2019年将突破10万亿元大关。

全省2018年外贸进出口总额为人民币7.16万亿元，约占全国1/4，连续33年居全国首位，累计实际利用外资4470亿美元，占全国1/5强。

全省城镇化率达到70.7%，实现县县通高速，即将市市通高铁；人均预期寿命提高到77.2岁；城乡居民收入持续增长，彻底消除绝对贫困。

2019年春节团拜会上，习近平总书记说：“在家尽孝、为国尽忠是中华民族的优良传统。没有国家繁荣发展，就没有家庭幸福美满。同样，没有千千万万家庭幸福美满，就没有国家繁荣发展。”

在广东，诞生了许多“广东省最美家庭”“广东省书香之家”“广东省助人为乐模范”“广东省见义勇为模范”“广东省爱岗敬业模范”“广东省孝老爱亲模范”，他们“注重家庭、注重家教、注重家风”，他们以社会主义核心价值观为引领，用青春和热血为国争光、为人民谋幸福，践行尊老爱幼、男女平等、夫妻和睦等传统美德。

其中，有包括彭士禄、梁思礼、钟南山等院士在内的科技人员家庭。他们攻核心技术，破创新难题，研发了国产芯片、载人航天探月、载人深潜、深地探测、核电、高铁等国际领先的产品与项目，占领尖端科技制高点。

有战斗英雄麦贤得、将军陈伟文等可爱的军人之家。他们保家卫国，敢于亮剑。军人的背后，还有可敬的军属，是他们默默地支撑着我们的子弟兵以刚强血性，铸就祖国的钢铁长城，守护人民幸福安宁。

有“共和国雕塑家”潘鹤、粤剧大师红线女等艺术家。他们用艺术传播思想，用艺术激发情感，走上了属于我们自己的文化强国之路。

有侯雪梅、汪滔、杜兰、闫禹等新时代追梦人。他们心怀科技强国梦，用拼和干的韧劲，坚持自主研发，打破技术垄断，做无人机，造港珠澳大桥，研发老百姓用得起的实用药，把一个个“不可能”变成“可能”，书写“中国制造”“中国创造”“中国建造”的荣耀。

有援外医生陈伟蓉、维和警察杨开林、援疆检查官何雄伟等人的无私奉献。他们让海外同胞、边疆人民享受到国家发展的丰硕成果，谱写了新时代的豪迈诗篇，也让世界人民感受到中国的大爱无疆。

这一个个人物和家庭所展现的阳光心态、快乐生活、满满的正能量，不仅是南粤大地上的真实故事，更是家庭梦想的实现与国家民族的命运紧密相连的体现；不仅是重视家庭，重视亲情，注重家教，注重家风的美德倡导，更是以改革创新为核心的时代精神在人们灵魂深处扎下的根。

为此，由广东省委宣传部、省文明办、省妇联、家庭期刊集团主编，出版《我和我的祖国——新中国成立七十周年广东家庭故事》，作为对时代的记录、精神的弘扬。

值此新中国成立七十周年之际，作为新中国建设的参与者、见证者，也是贡献者、享受者，更是传播者、颂扬者，让我们一起赞美这段辉煌，铭记这份荣耀。

目 录

彭湃之子彭士禄：半个多世纪报国情

文：汉 文

彭士禄：1925年11月生于广东海丰，革命烈士彭湃之子，3岁时母亲牺牲，未满4岁时父亲就义，两次被捕入狱，被营救后送到澳门、香港。1958年在莫斯科动力学院核动力专业进修，回国后一直从事核动力的研究设计工作。

20世纪80年代初，他提出了大亚湾核电站的投资、进度、质量三大控制，写出了《关于广东核电站经济效益的汇报提纲》，为大亚湾核电站的上马打下了良好基础。1978年获“全国科学大会奖”；1985年，作为第一完成人获“国家科技进步奖特等奖”；1988年获国防科工委为表彰优秀总设计师颁发的“为国防科技事业做出突出贡献的荣誉状”；1996年获“何梁何利基金科学与技术进步奖”；2017年获“何梁何利基金科学与技术成就奖”。

1994年入选中国工程院首批院士。

作为彭湃的儿子，我3岁就失去了母亲，4岁就没有了父亲。是老百姓花了很大代价把我保护下来的，是党和国家把我培养出来的，我对人民永远感恩，对党和国家永远报恩。无论我怎样努力，都不足以回报人民待我的恩情。这也算我替父亲完成一点他未竟的心愿吧。

——彭士禄

10多年前，在北京甘家口一处普通民宅里，记者见到了曾任水利电力部副部长的彭士禄先生。满头白发的他由于颈椎不好，左胳臂有些僵硬。“吃了好多药，没效。”老人用右手拍了拍左肩，言语中带着潮汕乡音。

听记者称呼他为彭部长，彭士禄说：“我不当副部长已经好多年了。如果你愿意，就叫我彭大哥。”真不愧是彭湃的儿子。作为中国共产党早期农民运动主要领导人之一的彭湃，1925年在广东成为一呼百应的“农民运动大王”，靠的就是出身富贵之家的他与贫苦农民之间零距离的交往。彭士禄的一句话仿佛一下子让时光倒退好多年，又回到激情澎湃的革命年代。

身为彭湃之子，彭士禄从小就历尽坎坷和磨难：3岁时母亲牺牲，未满4岁时父亲就义，8岁时被捕入狱，10岁出狱后因为找不到亲人，以乞讨为生。后来，周恩来派人将这个15岁、没上过几天学的少年接到延安……

我有几十个“爸妈”

“我对父亲并没有什么印象。”彭士禄开门见山地说，“在我很小的时候，他就牺牲了。像你们一样，我也是靠各种资料才了解父亲的一生，当然，我比你们多了一些渠道，因为父亲的战友们会常常给我讲他的故事。”

彭湃出身于广东海丰一个地主家庭，被他家统辖的农民不下1500人。从日本留学归来后，彭湃便带领农民闹革命。让人不可思议的是，他竟然把自己掌管的那部分田契全部烧毁，并对佃户说：“凡种我家田地的佃农，今后再也不用交租了。”人们都以为彭家老四疯了。

彭湃

彭士禄的母亲蔡素屏

彭士禄说："因为这件事，父亲的哥哥恨不得把这个离经叛道的弟弟一枪打死。农友们却奔走相告，说：'我们跟彭湃闹革命，他当皇帝，天下就太平了。'父亲却说：'彭湃不能当皇帝，天下从此不能有皇帝，我们农友真正当家做主，天下才能太平。'"

整个童年时代，彭士禄因为这位为革命散尽家财的父亲而疲于奔命，没过上一天正常的家庭生活。担任海丰县苏维埃妇女委员会主任的母亲蔡素屏被国民党反动派杀害的第二年，父亲彭湃在上海被捕，一星期后英勇就义。成为孤儿的彭士禄为了躲避国民党的搜捕，被安排到群众家寄养。因为怕暴露，他常常要更换人家，有时几天就要转到另一家。在那段非常岁月里，幼小的彭士禄经常用一双担惊受怕的眼睛，去面对一张又一张陌生的面孔。

"我小时候性格内向，就是因为总过着这种动荡不安的生活。往往一家人还没熟悉，我就到了另外一个'家'。每到一个'家'，我都会有新的'爸妈'。"彭士禄笑着说，"我一共有几十个'爸妈'。"

最后一次，彭士禄被送到红军队长陈永俊的家，由其母亲潘舜贞抚养。对往事，彭士禄记忆犹新："潘姑妈家里很穷，她没有生活来源，我就跟她学绣花、养鹅。有时光脚上山砍柴，我的脚底磨得像一块石板，什么都扎不透。”在彭士禄的记忆中，他们只有过年时才有鹅肉吃，但潘姑妈让彭士禄吃肉，却叫自己的亲生女儿啃骨头。小小的彭士禄虽不明白其中缘由，却会偷偷地与小姐姐一起分享这一年一次的美食。

由于叛徒出卖，彭士禄和潘姑妈一家被捕，8 岁的他成了小囚犯。在牢里，他见到了抚养过他的另一位阿妈。两位“妈妈”忍受着残酷的审讯，宁把牢底坐穿，也不供认他是彭湃的儿子。“当我从监狱里放出来时，曾经收养过我的‘妈妈’家已经一个人也没有了。”说到这里，彭士禄的声音有点哽咽，为牺牲的父母，更为那些受自己连累的“爸妈”以及他们的家人。

原来我爸爸真是个大人物

住在香港的祖母周凤找了彭士禄两年，直到他再次被关进监狱，在党组织的安排下，祖母出面，经民主人士陈卓凡的帮助，才托人把他救出，带到香港。彭士禄先后住在跟彭湃有很深交往的彭泽民、柯麟、陈卓凡等人家里，并在香港上学。

彭士禄有个堂哥参加了广东东江纵队。每次到香港，堂哥都给他讲游击队的事。“趁放暑假，我和二伯家的堂弟把书本卖了两块钱当路费，偷偷跑去惠州平山，参加了东江纵队。才 14 岁，我就参加了革命。”彭士禄至今还为自己当年的“壮举”自豪。

见自己把人看丢了，彭泽民赶紧向党组织报告，最后查出人跑到了内地，才知是虚惊一场。周恩来派副官龙飞虎和贺怡（贺子珍的妹妹，曾任中共江西吉安地委组织部副部长）将彭士禄和一些烈士子弟送到延安。在这里，彭士禄第一次见到了周恩来和邓颖超。周恩来一见他便情不自禁，激动地说：“总算找到你了，孩子！我和你爸爸可是好朋友，那一年我从法国回来，就是你爸爸到码头上去接我的……他把床铺让给我睡，自己到处去‘打游击’……”

彭士禄说：“到了延安，即便我不善于跟人交际，但人人都知道我是彭湃的儿子。那时候我才知道，原来我爸爸真的是个大人物。”

在延安上学时，每当发了津贴，彭士禄就买来红枣和大家一起吃，今天你吃我的，明天我吃你的。乃至后来，只要听说谁有困难，第一个伸出援助之手的准是彭士禄。30 多年以后，彭士禄当了水利电力部副部长，东西还常常被拿去“共产”，从鞋子、衣服、打火机到烟、酒、茶，谁需要谁就拿去。侄女托人给他带去广式月饼，特地写明由他爱人收，就是为了不让他拆封，怕又被“共产”了。一个跟他一起工作了多年的技术工人患了心脏病，心中十分想念这位老领导，彭士禄得知后，立即驱车百余里前去探望。

晚年的彭士禄终于过上了自己向往已久的普通人家的正常生活，他什么烟都抽，什么酒都喝，什么茶都饮，什么朋友都交。不管刚认识几天的新邻居还是打了半辈子交道的老友，都说他心肠特好。彭士禄告诉他们：“我是老百姓花了很大代价才保护下来的，我对人民永远感恩。无论我怎样努力，都不足以回报他们待我的恩情。这也算是我替父亲完成一点他未竟的心愿吧。”

一生只做两件事：造核潜艇，建核电站

在彭士禄家布置略显简单的客厅电视柜上，放着一艘金色的核潜艇模型，那是他担任总设计师时建造的我国第一艘核潜艇。

彭士禄说：“因为美国在 1954 年搞出来核潜艇，随后苏联也搞出来，美苏都有了，我们也应该有。”

彭士禄曾经留学苏联，即将毕业准备回国时，在苏联访问的国防部副部长陈赓大将找到他：“你知道核反应堆、核动力吗？”学化工机械的彭士禄摇摇头说不知道。陈赓说：“美苏都已搞出了原子弹和氢弹，美国还有了核潜艇。我们国家要想不受别人欺负，也要有这些东西。党中央决定选一批留学生改行学原子能核动力专业，你愿意改行吗？”

面对这位父亲在上海工作时的老战友，彭士禄郑重地说：“当然愿意，只要祖国需要。”就这样，彭士禄又进入莫斯科动力学院进修核动力专业。当时，苏联教授每给彭士禄这批留学生上一节课，中方就要付 80 卢布的报酬，这对经济还很困难的新中国来说是一件并不容易的事情。彭士禄说，这是老阿妈用血汗钱叫儿仔上洋学堂呢，自己能不努力吗？

“从苏联回来后，我被分到北京原子能研究所。一直到退居二线，我只做了两件事：造核潜艇，建核电站。”彭士禄说。也许是偶然，也许是命中注定，

创办广东农民运动讲习所、创建海陆丰苏维埃政权和东江革命根据地的彭湃就义时是 33 岁，1958 年，彭士禄从苏联回国也是 33 岁。冥冥之中，他接过父亲未竟的事业，开始了半个多世纪的报国之路。

作为总工程师，彭士禄亲自主持核动力装置的设计和试验工作。当时，中国在核潜艇建造方面所掌握的知识近乎为零，建造人员有学化工、学电力、学仪表的，但大多数人不懂核知识，搞核潜艇全靠“自教自学”。在这样的情况下，无论在设计还是建造过程中，出现技术方面的激烈争论就成了家常便饭。

彭士禄回忆说：“当时各种争论实在太多了，公说公有理，婆说婆有理。我常常对研制人员说，不要吵，多做实验，用数据讲话，我根据实验结果签字。做对了，成绩归大家；做错了，我来负责！”正因为办事果决、敢于负责、敢于拍板，彭士禄被同事亲切地称为“彭大胆”“彭拍板”。

彭士禄说：“不可能事事都等到有十分把握再干。没困难，不冒风险，还谈什么创新？对科技人员来说，时间比生命宝贵。有些问题只有赶快定下来，才能实践。错了就尽快改，这比无休止地争论要高效得多。”

彭士禄不果断不行，不拍板也不行，他后来担任广东大亚湾核电站筹建总指挥时，工程进度每推迟一天就将损失 100 万美元，这个责任可不是哪个人都能承担得起的。

中国核动力研究设计院原总工程师黄士鉴最佩服这位老领导，他说：“他做事从来都是身体力行，晚上最晚关灯睡觉。在决策中就是用数据说话，从大局出发，不考虑个人利益，不推诿责任。跟着他干活，我们心里非常爽快。”

彭士禄从小就有敢于冒险的精神，这是因为他这一生所吃过的苦是常人难以想象的：当小乞丐受人打骂，在广州“感化院”发高热导致瘫痪差点死掉；在东江纵队当小游击战士时得过严重疟疾；在延安当护士时得过肺炎，几经生死考验。在他患肺病期间，医生给他下了三条禁令，其中有一条是不准游泳。

那年延河正发大水，一个阿婆的孙子被冲到了河里，彭士禄听说后，凭借从小练就的一身好水性，几次潜水，将孩子救了上来，虽然孩子最终没有活下来，但阿婆非常感激他。彭士禄却说：“我喜欢见义勇为，喜欢帮助弱者，我潜下水就算捞不着也会心安，因为我尽了责任。这个风险值得冒、必须冒，

核潜艇模型

我喜欢冒风险。”

中国核潜艇从设计到建造完全由我国自主完成，没有用外国一颗螺丝，这成为彭士禄永远的骄傲。

随遇而安，一对快乐超然的夫妻

在隐姓埋名研制核潜艇过程中，彭士禄所经历的痛与伤只有他自己知道。

核潜艇工程上马时正是三年困难时期，他们是吃着窝窝头搞科研的，有时连窝窝头都吃不上，彭士禄就去挖野菜吃。生活上的困难，对彭士禄来说根本不算什么。因为他牢牢地记着蔡畅妈妈对他讲过的一句话：“打江山的是我们，搞建设要靠你们！”所以，他不觉得苦，他只感觉到肩上的担子重。

彭士禄的妻子患有风湿性心脏病，但为了支持他工作，也随他来了常年潮湿的山沟；8 岁的女儿突患肝炎，夫妇俩却不能守护；10 岁的儿子一个人洗澡，不慎被碎玻璃扎进脚里，缝了 11 针，至今脚拇趾不能自由弯曲……

彭士禄在《中国工程院院士自述》中用四点总结自己：其一，一家与百家；其二，主义与精神；其三，明白和糊涂；其四，拍板与改错。几个简洁的词就把他对待生活、工作和研究的态度以及敢于承担责任、敢于担当的为人品格表现得淋漓尽致。

记者称他为“中国核潜艇之父”，彭士禄却连连摆手不认可。他说：“核潜艇之所以能搞成功，主要是周总理和聂帅的工作做得好啊！我们搞科技的

彭士禄在核潜艇前

人只负责科研，像周总理、聂帅这些为核潜艇研制开疆拓土的人才真正算得上‘之父’。”

两个多小时的采访中，彭士禄烟不离手。当记者问他有什么业余爱好时，他总会抬出他的“第三夫人”——烟、酒、茶。这是已经被大家所熟知的故事：彭士禄将核动力看成自己的“第一夫人”，妻子马淑英是“第二夫人”，烟、酒、茶自然就是“第三夫人”。

记者问起他的老伴儿马淑英，“她去医院了，看心脏”，彭士禄指了指自己的胸口。

彭士禄内向的性格后来变得开朗，是因为他遇上了改变他性格的人——他的夫人马淑英（俄文名叫玛莎）。“那时我在苏联留学，担任学生会主席。有一天，中国驻苏联大使馆让我去接个女学生，我就去了。一看是个小姑娘，我就喜欢上人家了，从此开始主动进攻。玛莎比我小 9 岁，我是老大哥，她是小妹妹，后来小妹妹就开始照顾老大哥了。”彭士禄笑着说。

1964年，单位派马淑英去英国进修，一检查，她心脏不好，未能成行。彭士禄说："1979年医生跟她说，'你的心脏必须做手术，不然很危险。做了手术，我能保你至少活10年'，她不信。一个10年、两个10年，现在已经过了第三个10年了，她的心脏还是老样子，可能是她喜欢唱歌跳舞，生性乐观的原因吧。心脏也会看人脸色行事，欺软怕硬。"

彭士禄说的时候轻松，但他知道，妻子几次因为病危悄悄住进医院，却坚决不肯打扰他。他知道自己也无法陪伴和照料她，欠她的太多太多了。"这一生我没有送过她什么礼物，但我一直把她当我的小妹妹。我要感谢玛莎，因为她才有这个家，才有我们的今天。"

20世纪70年代，彭士禄说自己家人口少，孩子小，主动从有7间房的将军楼搬到四室一厅的单元房里。现在，他仍居住在单位的普通福利房里。至于什么时候涨工资、什么时候调级、什么时候评职称，他一概不知，也不打听。"党给我的比我付出的要多得多。"彭士禄说。他给许多单位当顾问，却从不领取报酬。他说："只要对国家有利，不比那一点钱更有价值？"说这话时，彭士禄爽朗一笑。无论是困境时分，还是得意时刻，彭士禄都能淡然相对，随遇而安。

80岁时，彭士禄还在视察核电站的建设工作，经常参加各种学术活动。年事已高的他并没有待在家享受生活，依然每天工作到很晚才回家，依然每年大部分时间都在外出差，很少能见到家人。

彭士禄拿出影集，让记者翻看一张张发黄的黑白照片：小时没见过几次面的父母、抚养过他的一个个"妈妈"……翻看照片的彭士禄神情凝重，不时把压皱的相纸抚平。抚过照片上父母的脸庞，老人脸上露出少有的安详。当翻到他带着家人去海丰祭奠父亲，与父亲雕像的合影时，彭士禄脸上露出了孩子般的笑容。

梁启超家族：一门三院士，九子皆才俊

文：陈秀珍　李 强

在广东新会，有这样一个传奇家族：中国近代著名的思想家、政治家、教育家、史学家、文学家梁启超，他的9个儿女，个个成才，其中还有3名院士。

长女梁思顺：诗词研究专家、中央文史馆馆员。

长子梁思成：著名建筑学家，1948年当选为中央研究院首届院士，中国科学院学部委员，其妻为林徽因。

次子梁思永：著名考古学家、中央研究院院士、中国科学院考古研究所副所长。

三子梁思忠：西点军校毕业，参与淞沪抗战，因病早逝。

梁思顺（1893—1966）

梁思成（1901—1972）

梁思永（1904—1954）

次女梁思庄：北京大学图书馆副馆长、著名图书馆学家。

四子梁思达：著名经济学家，与人合著《中国近代经济史》。

三女梁思懿：著名社会活动家。

四女梁思宁：早年就读南开大学，后投奔新四军参加革命。

五子梁思礼：新中国航天事业的奠基人之一，火箭控制系统专家，1993年当选为中国科学院院士。

一门三院士，满门皆才俊。作为中国近代著名思想家、文学家、学者，从掀起轰轰烈烈的戊戌变法到写下洋洋洒洒的《少年中国说》，梁启超是中国近代史上一颗闪耀的明星。

梁氏一族，家风优秀，代代承袭。梁启超承前启后，他的教育思想和教育实践，以中国传统儒学为根基，融汇西方近现代科学、民主精神，这些都充分体现在他对子女的培养、教育之中。

作为我国航天事业的奠基人之一、著名的导弹和火箭控制系统专家，梁启超最小的儿子梁思礼，和第一代航天人白手起家，从第一颗原子弹、第一颗氢弹、第一颗人造卫星到第一艘神舟飞船，创建了完整坚实的中国航天事业，使中国跻身世界航天强国之列。

梁思忠（1907—1932）

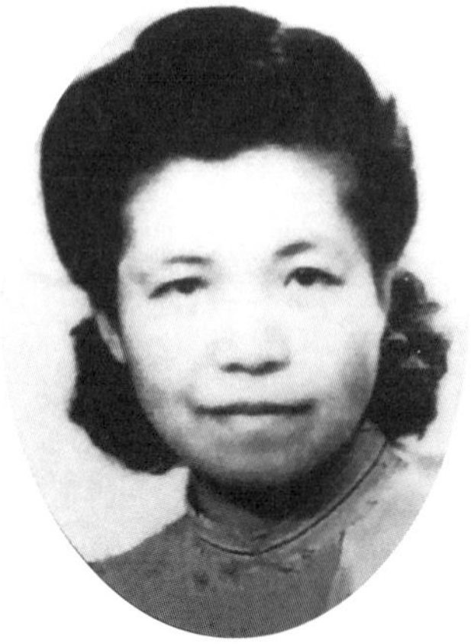
梁思庄（1908—1986）

梁思达（1912—2001）

我从父亲梁启超那里继承的最宝贵的东西就是“爱国”，所以我特别喜欢林则徐的一句话：“苟利国家生死以，岂因祸福避趋之。”这是我一生的座右铭。我也特别喜欢萧伯纳的一句名言：“人生并不是一支短暂的蜡烛，而是由我们暂时拿着的一支火炬。我们一定要把它燃烧得十分光明灿烂，然后把它交给下一代的人民。”我想，一个人一生对社会、对国家，应该是回馈大于索取，这样社会才能前进，国家才会强盛。无论是航天精神，还是梁家的家风，都要由我们手中交给下一代，要传下去。

——梁思礼

梁氏家风：立志与做人并重

1873 年，梁启超生于广东新会熊子乡茶坑村。他的高祖、曾祖都是中国乡村中最常见的普通农民。到了祖父梁维清这一代，“始肆志于学”，一边种地，一边攻读诗书，终于考取了秀才，使得梁家跻身于士绅阶层。

梁思懿（1914—1988）

梁思宁（1916—2006）

梁思礼（1924—2016）

梁启超的父亲梁宝瑛，虽不曾考得功名，但他退居乡里，教书育人，是一位深受乡民爱戴的谦谦君子；母亲赵夫人知书达理，谨守家规，还教授乡里亲朋的女子识字。从祖父到父亲，再到母亲，教育子女都强调立志与做人，这就是梁氏家风。

鸦片战争以来，中国深受帝国主义列强的野蛮蹂躏，使得梁启超胸中激荡着强烈的家国情怀。光绪十五年（1889 年），梁启超在广州参加乡试中举，主考官李端棻欣赏其才华，将妹妹李蕙仙许配给他。此时，梁启超完全可以由学入仕，平步青云，但他却走上了一条曲折而坎坷的救国之路——从公车上书、戊戌变法到反对袁世凯复辟、捍卫共和，再到倡导新文化运动、支持五四运动，他为救国强国而奋笔疾书，奔走呼号，颠沛操劳，终其一生。

梁启超一生娶了两个妻子。原配李蕙仙贤能、深明大义，是《妇女报》的主编之一，梁启超称她为不可多得的“闺中良友”。嫁到梁家后，南方炎热潮湿的天气，加上生活习惯的不同及语言不通，生活上有很大的困难，但李蕙仙没有任何怨言和不悦。后来在极其艰险困难的情况下，她代替梁启超服侍老人，抚养梁家和李家亲戚的孩子。因反对袁世凯复辟帝制，梁启超要秘密去西南，深夜诀别时，李蕙仙慷慨地对丈夫说：“上自高堂，下逮儿女，

梁家孩子们的童年很幸福

我一身任之，君但为国死，无反顾也。”

百日维新失败后，梁启超举家逃往日本。因长子梁思成身体羸弱，在李蕙仙的极力主张下，梁启超将李蕙仙的陪嫁丫环王桂荃收为侧室。王桂荃为梁启超生了 6 个子女：梁思永、梁思忠、梁思达、梁思懿、梁思宁、梁思礼。加上李蕙仙生的梁思顺、梁思成、梁思庄，梁家一共有 9 个孩子。孩子们对王桂荃的感情都非常深，管李蕙仙叫“妈”，称王桂荃为“娘”。

梁家最小的儿子、著名火箭控制系统专家梁思礼回忆说：“我母亲不识字，但她很聪明，爱学习，我和哥哥姐姐们做作业时，她坐在一旁监督我们，有时还向我们请教不认识的字，我们读书，她也跟着读。到后来，她看报纸、写信、记账什么都会了。我母亲对父亲有着一种特殊的崇拜之情，经常教育我们要好好学习，自强自立，长大以后成为像父亲那样的人。”

百封家书：包含父爱的家教良方

梁启超虽然受过旧式教育，却从不在家里使用封建家长式的权威。风趣幽默的他，给每个孩子都起了小名，梁思顺是“大宝贝”，梁思庄是“小宝贝”，梁思懿被叫作“司马懿”，小儿子梁思礼是“老 baby(婴儿)”。

在日常生活中给孩子们知识和心智上的启迪，是梁启超注重教育的一个方法。他常在饭后给孩子们讲述有趣的历史故事，阐释做人的道理。梁启超爱喝酒，每天晚饭后，孩子们都围在一个小圆桌旁，他一边喝酒，一边给孩子们讲一些中国古代著名英雄的故事。他曾讲述南宋末年忠臣陆秀夫的故事，陆秀夫为保护幼主而和元军奋战，失败后就在梁启超的家乡新会投海殉国。梁启超保持这个习惯多年，从百日维新运动失败后被迫逃到日本，到辛亥革命后回到天津，只要他在家，全家每晚六点半都要围着圆桌，听他讲自己正在写作的题目，听他讲历史、传记、哲学、古典文学等。只不过随着子女的增多，小圆桌变成了大圆桌。

梁启超宁可在生活上节俭一些，也决不让孩子们读差一点的学校。从 1910 年到 1929 年，他先后把思成、思永、思忠、思庄送往国外学习。这期间，梁启超与子女有密切的书信来往，共给他们写了 400 余封家书。梁启超的长女梁思顺，既是父亲的助手，又是弟妹们的领班，她去加拿大后，成为弟妹们联系的核心，因此梁启超的信多先寄到思顺处再由其他子女传阅。

在家书中，梁启超帮助他们确定学习方向，指导他们做学问，同时又充分尊重孩子们的意愿。在梁启超外孙女、梁思庄女儿吴荔明看来，梁家后人在各领域取得的成就，与梁启超的教育和指导有直接关系，“外公和子女的相处模式，以及教育子女的方法，即便在今天看来，也是超前的”。

她回忆说：“母亲在加拿大上大学后，面临着专业的选择，外公曾在信中建议：‘你们弟兄姊妹，到今还没有一个学自然科学，很是我们家里的憾事，不知道你性情到底近这方面不？我很想你以生物学为主科，因为它是现代最进步的自然科学……’”当得知梁思庄对生物并无兴趣后，梁启超马上写信：“庄庄：凡学问最好是因自己性之所近……我很怕因为我的话扰乱了你治学之路，所以赶紧寄这封信。”最终，梁思庄结合自己的兴趣和父亲的意见学了图书馆学，考入美国著名的哥伦比亚大学图书馆学院，后成为一名图书馆学专家。

梁启超对于子女们的学习成绩并不十分关注。一次，梁思庄考试得了第16名，大大伤了自尊心。梁启超得知后写信给她："庄庄：成绩如此，我很满足了……能在37人中考到第16名，真不简单了。好乖乖不必着急，只需用相当努力便好了。"在写给梁思庄的另一封信中，他又说："庄庄：今年考试，纵使不及格，也不要紧，千万别着急……我对于你们功课绝不责备，却是因为赶课太过，闹出病来，倒令我不放心。"

相反，梁启超特别关注子女们人格、道德品质方面的修养，希望自己的子女都具有"不惑""不忧""不惧"的君子德行，养成健全的人格，成为新民。同时，他还特别注重把自己的爱国情怀传给子女们，在家书中常教育孩子们把个人努力和对社会的贡献紧密地联系在一起，以报效祖国。1919年12月2日，他在给大女儿思顺的信中写道："总要在社会上常常尽力，才不愧为我之爱儿。人生在世，常要思报社会之恩，因自己地位做得一分是一分，便人人都有事可做了。"

梁启超家书的特色是充满爱心，洋溢亲情。在家书中，没有疾言厉色的训斥，也没有居高临下的口气，更没有顽固不化的面孔，反而处处渗透着炽热的情感，展露出梁启超深深的父爱。1925年5月9日，他在信中对孩子们写道："你们到温（哥华）那天，正是十五，一路上看着新月初升直到圆时，谅来在船上不知蹭了多少次'江上何人初见月，江月何年初照人'了。我晚上在院子里徘徊，对着月想你们，也在这里唱起来，你们听见没有？"

这样的爱不仅惠及9个子女，也无私地给予女婿和儿媳。

1928年，长子梁思成与"民国才女"林徽因成婚后，梁启超在写给二人的信中按捺不住自己的喜悦之情："我以素来偏爱女孩之人，今又添了一位法律上的女儿，其可爱与我原有的女儿们相等，真是我全生涯中极愉快的一件事。"

有一次，梁启超读了一整天的书，晚上又喝了点儿酒，就有些醉了。于是，他"书也不读了，和我最爱的孩子谈谈吧"，便在信里和大女儿思顺聊起了家常，称赞女婿周希哲"勤勤恳恳做他本分的事，便是天地间堂堂的一个人"。

家国情怀，融入后代血脉

“毕业后回来替祖国服务，是人人共有的道德责任。”1927 年，梁启超在信中这样对儿女们说道。9 个子女，7 个留学海外，学成之后都无一例外地归来报效祖国。

抗战期间，梁思成和夫人林徽因在四川过着贫病交加的生活，二人疾病缠身，梁思成得了脊椎软骨硬化症，林徽因也患上了严重的肺结核，但他们仍然顽强地坚持在自己的工作岗位上。当时，美国的一些大学和博物馆都想高薪聘请他们到美国工作，他们都一一拒绝了，梁思成说：“我的祖国正在苦难中，我不能离开她，哪怕仅仅是暂时的……”

梁思礼作为梁启超最小的孩子，也像哥哥姐姐们一样，受父亲的影响完成了爱国启蒙教育。在父亲的书房里，梁思礼印象最深的是那幅 1 米左右高的蔡锷将军肖像，这位父亲最得意的门生是他少年时代的英雄偶像。父亲从国外买回来压在书柜下面的明信片，成了梁思礼百看不厌的“小人书”，父亲对“小人书”的讲解，让他在孩童时代就知道了欧洲的文艺复兴和达·芬奇、米开朗基罗等大师。在他很小的时候，父亲就去世了。他说：“父亲的遗传，一个留在了我脸上，我长得极像我父亲，以至曾在南开中学听过我父亲演讲的周恩来总理第一次见到我，有种如见故人的感觉；一个留在了我心里，父亲去世时，我只有四岁半，如果父亲遗传给了我们什么，很简单，就两个字——爱国，他给了我们一颗爱国之心。”

父亲早逝，是梁思礼一生的遗憾。“但他遗传给我一个很好的毛坯，他的爱国思想通过我的母亲及他的著作，让我终生受益。”

抗战全面爆发后，梁家兄弟姐妹开始了 8 年的各自漂泊生涯，梁思达去了大后方，梁思宁参加了新四军……在最艰辛的日子里，他们始终保持着一颗爱国之心，每一个脚印，都有着难以磨灭的家族印记。哥哥姐姐们的行踪和作为，通过母亲王桂荃传给了梁思礼，母亲是在替父亲继续打造这块好“毛坯”。

学成归国，尽洒赤子热血

1941 年，品学兼优的梁思礼高中毕业考上燕京大学，但王桂荃还是一心

1965 年梁思礼全家福，后排中为母亲王桂荃

想让他去国外读书，可到哪里去为儿子筹措负笈海外的资金呢？王桂荃的好朋友丁懋英得知她的困难后，给美国加尔顿学院写信替梁思礼申请全额奖学金。于是，梁思礼壮着胆子向加尔顿学院发出了留学申请。1941 年 3 月 8 日，加尔顿学院发来了录取通知书。

1941 年 11 月，上海黄浦江码头，王桂荃把买完船票余下的 100 多美元包好，揣进梁思礼的口袋，叮嘱道："我能做的也就是这些了，今后全靠你自己了。记住，祖国还在蒙难，学成了一定要回来报效国家！"

在美国，梁思礼完全靠自己勤工俭学苦读了 8 年，于 1949 年夏天获得辛辛那提大学自动控制博士学位。此时，美国著名的无线电公司 RCA 向他伸出了橄榄枝，高薪邀请他加入，梁思礼婉拒了："五花马、千金裘都无法诱惑我停下回国的步伐，我始终忘不了母亲的叮嘱：'祖国还在蒙难，学成了一定要回来报效国家！'"

1949 年 9 月 23 日，美国旧金山，梁思礼和 30 多名中国留学生登上了"克利夫兰总统号”邮轮。当地时间 9 月 30 日，邮轮横渡太平洋时，梁思礼从收音机听到了一条振奋人心的新闻——毛主席在北京天安门城楼上庄严宣布：中华人民共和国中央人民政府今天成立了！

回忆当时的情形，梁思礼非常激动：“听到这个消息，我忍不住热泪盈眶，那个饱受欺凌、备受奴役的旧时代一去不复返了，那个任人宰割的旧河山将焕发新颜！”

金秋十月，天津码头。梁思礼一眼看见岸边满头白发的母亲王桂荃，顿时满眼含泪。“娘，我回来了！”冲下舷梯，他和母亲紧紧拥抱在一起，在心中暗暗发誓：“再也不走了，我要把一生奉献给祖国母亲，为她的独立、强盛和繁荣而奋斗终生！”

怀揣着强国之梦，梁思礼以极大的热忱投身新中国建设。1956 年，新中国第一个导弹研究机构——国防部第五研究院成立，他被任命为导弹控制系统研究室副主任，是钱学森手下 10 个室主任之一。

从此，梁思礼和所有的第一代中国航天人一样，站在历史耀眼处的背面。他们的名字被封印在打着“绝密”标签的文件袋里，他们是戈壁滩上被漫天风沙遮蔽着的群像背影。从第一颗原子弹、第一颗氢弹、第一颗人造卫星到第一艘神舟飞船，梁思礼和第一代航天人白手起家，创建了完整坚实的中国航天事业，使中国跻身世界航天强国之列。

一次，梁思礼赴美访问，在西雅图遇见当年的同窗好友林桦。几十年后，林桦成了美国波音航空航天公司的首席科学家，梁思礼成了中国航天工业部的总工程师。林桦住在西雅图一个小岛上的高级别墅，梁思礼住在普通的单元房里，工资只有他的百分之一。有人问他对此有什么想法，梁思礼的回答是：“他干的导弹是瞄准中国的，我干的导弹是保卫祖国的，我为此感到非常光荣和自豪！”

在教育子女方面，梁思礼承袭了父亲梁启超的做法。梁思礼的二女儿梁旋回忆说：“小时候，每天晚上最温暖的场景，就是父母下班回来轮流给我们朗读。父亲特别热爱音乐，在美国留学时，经常听一些名曲。那个时候，听外国名曲是资本主义做派。父亲怕别人发现告密，晚饭后，他关好门窗，拉上厚厚的窗帘，摆好从苏联带回来的留声机，给我们播放古典音乐……父

梁思礼（右一）等指导运载火箭研制工作

2003 年 10 月“神舟五号”载人飞船发射成功后，梁思礼（前排）与杨利伟等 5 名中国宇航员在返回舱前合影

亲的人格特点是平等、开放，不约束你。他经常会征求我们的意见，这本书怎么样，听这个音乐怎么样？”

2014年8月24日，梁思礼九十大寿。在北京西山脚下，家人们为他举办了九十寿辰家宴。梁氏家族五代人每家都派了代表，年龄最大的86岁，最小的6岁。手捧着孩子们送上的鲜花，梁思礼兴致勃勃地来了一段抒怀：“我从父亲梁启超那里继承的最宝贵的东西就是‘爱国’，所以我特别喜欢林则徐的一句话：‘苟利国家生死以，岂因祸福避趋之。’这是我一生的座右铭。我也特别喜欢萧伯纳的一句名言：‘人生并不是一支短暂的蜡烛，而是由我们暂时拿着的一支火炬。我们一定要把它燃烧得十分光明灿烂，然后把它交给下一代的人民。’我想，一个人一生对社会、对国家，应该是回馈大于索取，这样社会才能前进，国家才会强盛。无论是航天精神，还是梁家的家风，都要由我们手中交给下一代，要传下去。”

2016年4月14日，92岁高龄的梁思礼因心肺功能严重衰竭，在北京逝世。至此，梁启超的9个子女全部离开了人世。梁氏家风并没有因此而中断，相反，还深深地影响着梁氏一脉的子孙后代，影响着当下社会，为历史所铭记。

道德模范李玉枝：与战斗英雄麦贤得守护一生

文：周志方

麦贤得：海军广州基地原副司令员，广东饶平人，1945 年生，1964 年入伍。在“八六海战”中，担任某艇机电兵，头部负重伤后，坚守战斗岗位。1966 年被国防部授予“战斗英雄”称号，2017 年 7 月被授予“八一勋章”，2019 年荣获“人民英雄”国家荣誉称号。

李玉枝：广东汕尾人，1948 年生，用一生的努力和陪伴，帮助丈夫麦贤得康复，创造了护理医学的奇迹，被誉为“当代军人好妻子”的楷模，是第五届“全国道德模范”。2015 年 10 月被授予“全国孝老爱亲模范”称号。

其实，我是个再普通不过的汕尾女子，我这辈子做得最有价值的一件事，就是让曾经为保卫这个国家洒下热血的麦贤得过上一个战斗英雄应该过上的家庭生活。青年时选择他，中年时守着他，老年时陪着他，差不多半个世纪过去了，我亲眼看着他走出沉浮，走出病痛，像一棵高大的木棉一样挺立在那里，作为妻子，我的内心填满了幸福。麦贤得是广东这块土地上走出的英雄，是海军队伍里成长起来的英雄，也是共和国从来不曾忘记的英雄，我爱他，也就是爱自己的家乡，爱伟大的人民军队，爱生我养我的祖国……

——李玉枝

态度坚定：要好好照顾英雄一生

这段始于1972年的爱情，其实在1965年8月6日就已经注定。

在这个日子里发生的一场震动台海的血战中，英勇的人民海军官兵以小艇击沉了国民党海军美制军舰“剑门”号和“章江”号，我军水兵麦贤得在颅骨被击穿的情况下，坚持战斗，直到胜利，成为革命军人英勇铁血的新象征。

那一年李玉枝17岁，刚刚参加工作，和千千万万的青年一样，麦贤得的英雄事迹让她热血沸腾，鼓舞着她为革命事业贡献出全部的青春和力量。

李玉枝聪明能干，工作踏实，很快就成了业务骨干，光荣地加入了中国共产党。汕尾镇成立商业站，拥有近千职工，刚满20岁的李玉枝就被组织选中，担任了商业站副主任的领导职务。

李家这根苦藤上，开出了一朵令人瞩目的大红花，来说媒的人踏破了门槛，每一次，李玉枝都让阿爸阿妈挡了回去。李玉枝有她自己的主意，刚刚走上新的工作岗位，千头万绪，她生怕自己挑不起这副担子，对不起组织的信任。

木棉花开的时节，又一个媒人的出现，改变了李玉枝的生活轨迹。

这个媒人是镇党委的赵书记，他郑重地向李玉枝提出，要给她介绍一个对象，一个她十分熟悉的陌生人——战斗英雄麦贤得。

李玉枝愣住了：“麦贤得，那个钢铁战士？！”

原来，几年前专家就断言，医疗手段对英雄麦贤得康复的作用已经接近极限，进一步改善他身体状况的最好办法，是给他一个正常的家庭生活。

像麦贤得这样全国闻名的战斗英雄，不缺乏爱慕者，但好几个走近他的姑娘，一了解他的身体情况，便很快离开了。曾经一起出生入死的老艇长崔福俊放心不下麦贤得，便托赵书记帮这个忙。

李玉枝见到麦贤得，已经是 1971 年的初夏。

在部队的安排下，她假装成到水警区采访的记者，坐在营区的一条长凳上读报小憩。

穿着一身 65 式海军干部服的麦贤得终于出现了，那一瞬间，李玉枝觉得身上的血液像是一下子沸腾起来，“麦贤得”这个名字，当时就是一面青年的旗帜，代表着勇敢和忠诚，年轻的李玉枝打心底里崇拜他。

麦贤得走到不远处的球桌旁和战友打起了乒乓球，和照片里、银幕上的形象一样，他身材瘦高，眉宇间带着英气，打球虎虎生风，有一股子决不服输的劲头，真不愧是人民海军拳头部队走出来的战斗英雄。

但是，他的语言表达好像并不流利，右侧肢体的行动也明显比左侧迟缓……

人生中最艰难的一次选择，摆在了李玉枝面前。

沧海月明，港湾里风平浪静，李玉枝的内心世界却波涛澎湃。她的脑海里不断闪过麦贤得的身影，她真没有想到，英雄身上的战伤会有这么重，经过医疗部门的不懈努力，他的思维和语言表达仍然只能恢复一部分，生活不能完全自理。最令人担心的是脑组织受损造成的癫痫，会因为身体、情绪甚至天气因素诱发，还没有医学手段可以彻底解决。

一个声音提醒李玉枝慎重考虑，另一个更加响亮的声音却对她说道：“英雄的残疾是为祖国而战落下的，应该得到更好的照顾！你李玉枝是共产党员，这样的担子你不挑，让谁来挑？”

年轻的李玉枝毅然做出决定，接受麦贤得。

疼爱女儿的阿妈伤心地哭了，有人在笑话李玉枝傻，甚至连一直关心李玉枝成长进步的县委书记也悄悄地劝说道：“你是个非常有前途的同志，这事儿要想清楚呀。”李玉枝当然明白老领导的意思，他是舍不得她这棵难得的好苗子。

毕竟是一个崇尚英雄的年代，李玉枝得到的更多还是理解和支持。

就在这年8月，李玉枝态度坚定地给麦贤得所在的水警区党委去信，向组织表达了要好好照顾英雄一生的决心。她的到来，像明媚的阳光一样照亮了麦贤得之后的人生。

风雨飘摇，守护英雄急转直下的命运

很多年以后，李玉枝才知道，自己是在麦贤得最需要的时候来到他的身边的。

原来，就在那段日子里，麦贤得正经受着一场他从未经历过的冲击。起因是他和领袖们的一张合影中，发生于1971年9月的一起重要历史事件的那个主角也在场。

在那样一个特定政治氛围之下，有人忘记了麦贤得的残疾，要求他交代当时的情况，那只不过是一次正常的接见活动，麦贤得又能交代出什么？逼问给麦贤得带来了巨大的精神压力，诱发他的癫痫病在蜜月期间发作了。

部队领导为了保护英雄，顶着压力，将他转移到了远离市区的深山仓库。

躲过了一时的冲击，却没有躲过风言风语，很快李玉枝就听到了关于丈夫的一些传言，有人议论麦贤得是某某树起来的英雄，更有人宣扬，麦贤得根本就是一个假英雄。

这曾经是一个那么崇尚英雄的国度——

“八六海战”胜利之后，紧邻战场的汕头地区将最好的外科医生都抽调出来，连续八昼夜抢救从战场运回的伤员，医护人员排着长队等着献血，别人连插队的机会都抢不到。

毛泽东主席、周恩来总理亲自对抢救麦贤得做出指示，麦贤得转往广州军区总医院后，贺龙、徐向前、叶剑英等三位共和国元帅飞往羊城，到病房探望这样一名年轻的普通水兵。

麦贤得的事迹被报道后，在全国范围内掀起了学习英雄的热潮，他收到的慰问品堆成了小山，向英雄致敬的电报雪片般飞来，各行各业的群众寄来的信件需要用麻袋来装，最多的一天竟然达到780多封……

而眼下，在一场全民族正在经历的历史浩劫中，英雄的命运却急转直下。这给麦贤得的身体和情绪都带来了很大影响，他癫痫发作的频率越来越高，症状也越来越严重。

一次发病中，麦贤得不仅动手打人，还无缘无故地对劝他吃药的李玉枝大声斥骂道："你是坏人，我要和你离婚！"这也是他第一次向李玉枝吼出"离婚"这个词来。李玉枝伤心极了，比多重的拳头落在身上都让她感到疼痛。

看着女儿手臂上的伤痕，阿妈再也忍不住落泪了。

从小就懂事的李玉枝慌了，反过来安慰她道："其实阿麦心好着呢，打人骂人是因为他犯病了，一清醒过来，他就特别后悔，手拉着我，一个劲儿地赔不是，就像是做了错事的孩子一样。"

阿妈抹着眼泪说道："人都被打成这样了，说再多的好话有什么用？反正是他提出来要离婚的，离就离了吧！这个主，阿妈帮你做了。"

李玉枝摇着头说道："阿麦在病里说的话，也能当真？我答应过组织，这辈子要好好照顾他，说了的话要算数，就是死我也不会和他离婚！无论下多大的雨，天总会放晴的，阿麦是为国家流过血的好人，我就不信老天爷会亏待了他。"

新的希望：解开丈夫康复的重要密码

两个孩子先后降生到了这个小家庭，李玉枝那 1.55 米的弱小身躯，不仅要背负照料丈夫的重任，还要承担起养育儿女的职责，工作、丈夫、孩子像三座沉重的大山一样压在肩上，她终于被劳累击倒了，经历了人生中最困难的时刻。

那是在一个多雨的台风季节里，工作了一天的李玉枝觉得自己像是有些感冒，连同事都察觉到她和往常不太一样，劝她早些回家去休息，责任心一直就很强的李玉枝却坚持忙完了手头的工作才离开。

回到家，李玉枝一刻也没有停歇，急急忙忙地把露天存放的半吨多蜂窝煤往杂屋里搬，否则一场大雨落下来冲掉蜂窝煤，一家人就吃不上饭了。

这是原本该由男人干的活，李玉枝使出全身的力气，一筐一筐地搬着，汗水很快浸透了衣衫，她感觉头越来越沉，浑身上下没有了一丝力气，脚像

1986 年，麦贤得、李玉枝一家四口在汕头经济特区参观

是踩在棉花上一样，突然间眼前一黑便倒了下去。

那一刻，李玉枝觉得自己似乎离死神很近很近，大脑已经无法控制的身体正在向无边的黑暗漂浮……

李玉枝醒来已经是第二天了，原来是单位同事不放心，下班后特地骑车来看看她，发现了这个情况，才把李玉枝救了下来。李玉枝十分感激，向同事道谢，同事却一脸诚恳地说："你是英雄的妻子，这都是我应该做的呀！"

一股暖流涌上了心头，不只是因为同事的热情帮助，更因为英雄在同事心中的位置！

更让李玉枝感动的是丈夫麦贤得，虽然因为思维和语言功能受损，他看见妻子晕倒在地后不知所措，但直到李玉枝苏醒，他一刻也没有离开过她，那份执着，就像在"八六海战"中浴血坚守自己的战位一样。

望着守在病床边一脸疲惫的麦贤得，感受着他那关切的目光，李玉枝心里想道："老艇长当年没有说假话，阿麦是个好人，值得去爱！"

在这之后，神奇的事情发生了。

从把麦贤得看成应该去爱的英雄，到当作值得她爱的丈夫，李玉枝的这个变化，给麦贤得的身体带来了意想不到的影响，不知不觉间，李玉枝发现他脸上的笑容越来越多了，癫痫发作的次数越来越少了。

这让李玉枝看到了新的希望，更成为解开帮助麦贤得康复的一个重要密码：他是伤残军人，更是战斗英雄，他需要的不仅仅是照顾，还有尊重。

打那以后，在李玉枝的口中，丈夫的优点越来越多：他是个好军人，遵守纪律，永远严格要求自己；他是个好邻居，心地善良，喜欢帮助每一个人；他还是个好园丁，手脚勤快，小院里面四季常青……而麦贤得的身体和精神也越来越好！

40后的爱情：创造护理奇迹的生死相依

阴霾散尽，祖国走上了改革开放之路。

1986年，湖北秭归县水泥厂的486名青年给麦贤得寄来一封信，热情洋溢地表示："我们80年代的年轻一代不会忘记英雄的光辉形象与献身祖国的崇高精神，一定用英雄的高尚情操来勉励志向，在'四化'建设中多作贡献。"

486个名字，代表着486颗滚烫的心。

这一年正好是麦贤得被授予"战斗英雄"称号20周年，李玉枝被这封情真意切的来信感动得落泪了——原来，人民从来就没有忘记自己的英雄！

人民没有忘记自己的英雄，党、国家和军队更没有忘记自己的英雄，共和国的几代最高领导人都曾经亲切接见麦贤得，部队各级领导对麦贤得也十分关心爱护，他一直服役到2007年才从海军广州基地副司令员的岗位上退休。

李玉枝更加尽心尽力地照料麦贤得，努力帮助他康复，终于用辛劳的付出创造了一个医学护理史上的奇迹——自20世纪90年代初起，折磨麦贤得多年的癫痫，再也没有复发过，这让当年参加过抢救麦贤得的专家都觉得不可思议。

李玉枝的事迹传扬开来，她获得了许多荣誉，成了当代军嫂的楷模。在党和人民的关怀下，李玉枝和英雄麦贤得的晚年生活也过得越来越幸福。

李玉枝 47 年如一日践行守护英雄的承诺

就在这时，一场让两人刻骨铭心的考验降临了。

2012 年初，麦贤得罹患急性胰腺炎陷入了昏迷。这是一种死亡率很高的严重疾病，医生下达了病危通知。

李玉枝日夜守候在病床前，心如刀绞，她紧紧抓住麦贤得的手，一遍遍呼唤着丈夫："老麦，你怎么不说话呢？"她的耳畔仿佛又响起了整整 40 年前两个人之间的第一次对话："麦贤得同志，你的身体恢复得怎么样？""吃药。""你的工作忙不忙？""种菜。"

想起这些，李玉枝满怀深情地对昏迷中的麦贤得说道："老麦，我不会让你走的，我一定要把你救回来！你的话总是那么少，这辈子我还没有跟你说够呢！"

那是一次马拉松式的抢救，时间持续了近半年，李玉枝一直坚守在麦贤得的身旁。有好几次，别人都到了绝望的时候，她却仍然在固执地坚持，请医生决不放弃。

也许，正是李玉枝的真情和付出感动了上苍，麦贤得终于被大家从死神那里拽了回来。一清醒过来，麦贤得就问道："玉枝呢？玉枝怎么不见了？我要见玉枝，我要见玉枝！"

医护人员支支吾吾。此刻，李玉枝也正在手术台上。在医院里这半年多时间的劳累，让她的心脏出现了严重问题，如果不马上处理，就有生命危险，尽管她非常放心不下麦贤得，但还是被强行推进了手术室。

做完手术，李玉枝向医护人员说的第一句话居然是："老麦怎么样了？"

得知丈夫已经抢救过来后，李玉枝心里的那块石头才落了地，护士对她说："麦老一睁开眼睛就到处寻找您，见不到您，就不吃不喝，谁也劝不动，看得出来，他心里装的只有您呢！"

李玉枝心里感到一阵说不出来的温暖，她不顾医生的阻拦，非要去见麦贤得。医生说："阿姨你放心，那边有医生和护士照顾麦老。"李玉枝却一脸着急地说道："你们不了解老麦，他一刻也离不了我啊！"

医生被李玉枝对麦贤得的一片真情打动了，破例同意了她的请求。

一看见李玉枝，麦贤得脸上立即绽开了灿烂的笑容，两个刚刚同死神擦肩而过的老人，争相伸出手来，紧紧地握在了一起。李玉枝认真地端详着自己的老麦，40年了，居然还没有看够，就是这个老麦，从当初她觉得应该去爱，到后来发现值得她爱，再到今天，终于变成了相亲相爱，李玉枝突然觉得自己这辈子活得特别有意义。

这是真正的生死相依，一旁的几个年轻护士都感动得哭了——那是一个燥热的夏日，姑娘们看见这对40后的爱情和看见雨水一样幸福……

抗击“非典”英雄钟南山：父亲是我一生的榜样

文：澜 墨

钟南山：中共党员，福建厦门人，中国工程院院士，著名呼吸病学专家，中国抗击非典型肺炎的领军人物。曾任广州医学院院长、党委书记，广州呼吸疾病研究所所长，广州呼吸疾病国家重点实验室主任，广州医科大学附属第一医院国家呼吸系统疾病临床医学研究中心主任。2003年抗击“非典”中，他不顾生命危险救治危重病人，奔赴疫区指导医疗救治工作，主持制定我国“非典”等急性传染病诊治指南，为战胜“非典”疫情作出重要贡献。他主动向公众普及卫生知识，积极建言献策推动公共卫生应急体系建设，为夺取应对甲型流感、H7N9禽流感等突发公共卫生事件的胜利发挥了重要作用。曾获“改革先锋”“全国先进工作者”“全国道德模范”等荣誉称号，获国家科学技术进步奖一等奖、白求恩奖章。2009年当选“100位新中国成立以来感动中国人物”。

对自己祖国的热爱，不仅出自血浓于水的感情，更源自对祖国深厚文明底蕴的理解和骄傲。

——钟南山

“敢医敢言”这幅字，是钟南山院士 81 岁那年收到的生日礼物，一直挂在他的办公室里。这四个掷地有声的大字，正是他磊落人生的真实写照。

2018 年 12 月 18 日，钟南山被党中央、国务院授予“改革先锋”称号。“钟南山”这三个字，是中国医学界一个绕不开的名字，不仅是名医的代名词，是抗击“非典”英雄的代名词，也是医改先锋的代名词。尽管名满天下，但他仍片刻不敢懈怠，一直牢记父亲的叮嘱。

拳拳赤子心

钟南山 1936 年 10 月出生于一个医学世家。父亲钟世藩，是我国著名儿科专家，协和医科大学的高才生，中山医学院“八大金刚”（八名一级教授）之一；母亲廖月琴毕业于协和医科大学高级护理专业，是广东省肿瘤医院创始人之一。

生逢乱世，钟南山的童年是在刺耳的空袭警报声、日军战机的巨大轰鸣声、炮弹的猛烈爆炸声和民众悲怆的呼喊声中度过的。艰难的生活让他从小就体会到民生疾苦，养成了独立坚强的个性。

在家庭环境的熏陶下，聪慧机敏的钟南山爱上了医学。钟南山曾回忆道：“小时候，父亲即使下班回到家，仍会有家长带孩子来看病。经过他的诊治，患儿得以康复，孩子开心，家长开心，父亲也非常开心。看到这种情景，我就觉得治病救人是一件令人开心的事，所以从那时起我对医学开始产生了兴趣。”而母亲亲切善良的品格与平等待人的处世态度也深深地影响了钟南山，让他饱含同情心与爱心。

钟南山的父亲钟世藩

钟南山（后排右一）和父母、妹妹（后排右二）在一起

抗战胜利次年，钟南山与家人乘船来到广州，从此扎下根来，用丰富的医学知识造福一方百姓。

父亲在美国学成回国后，专注于乙型脑炎病毒的培养和分离研究。缺少科研经费，父亲就自掏腰包买来小白鼠，把自家书房变成了实验室。勤奋好学的钟南山主动做起“白鼠饲养员”，并在“履职”过程中掌握了最基本的医学、医疗知识，观察力、耐心和责任心也得到了磨炼，开始显现出一名优秀医生所必备的品格和特质。

1955 年，19 岁的钟南山以优异的成绩考入北京医学院（北京大学医学部前身）医疗系，从医理想从这里启航。

大学时代的钟南山“文武双全”，不仅酷爱读书，还是个运动健将，田径、游泳、篮球、举重样样在行。正是这份对体育运动的酷爱，让钟南山收获了一份坚贞不渝的爱情。后来他与当时的国家女子篮球队队员李少芬一见如故，结为伉俪，携手一生。

大学毕业后，钟南山留校任教，从事放射医学教学工作。正当他踌躇满志决心干出一番事业之时，突如其来的政治风云让一切停摆。钟南山受到波及，不得不走下讲台，握起铁铲，当上了最脏最累的锅炉工，每天铲起几千斤煤，来回担煤几百趟。

挫折与磨难并未将钟南山打倒，胸中悬壶济世的信念反而像炉火一样烧得更旺了。钟南山从来不曾忘记中学老师赠予他的话：“人不应该单纯生活在现实中，还应生活在理想中。人如果没有理想，会将很小的事情看得很大，耿耿于怀；人如果有理想，身边即使有不愉快的事情，与自己的抱负相比也会很小。”

动荡岁月过后，36 岁那年，钟南山终于得偿夙愿。他穿上白大褂，回到广州医学院第一附属医院呼吸病研究所急诊室，一头扎进呼吸病研究领域，一干就是 40 多个春秋。

为了把失去的光阴夺回来，钟南山天天泡在医院，恨不能把一秒钟掰成几瓣用，8 个月内体重掉了整整 20 斤！

越是钻研，钟南山越发觉国内研究水平与国际水平差距悬殊。1979 年，他通过了公费留学考试，以 43 岁的“高龄”毅然踏上留学英国的征程。钟南山夜以继日地工作，白天查病房、参观实验室，晚上泡资料室，常常废寝忘食。英文底子差被人嘲笑，他就用英文给父亲写家书，锻炼笔头。而父亲的回信永远是厚厚一摞，不仅用英文为他解惑，还认真地用红笔把他来信中的语法错误标出。

留学期间，钟南山完成了关于“一氧化碳对血液氧气运输的影响”的实验设计，成绩获得了一致认可。在全英麻醉学术研究会上，他所作的报告《关于氧气对呼吸衰竭病人肺部分流的影响》激起了千层浪——它与英国麻醉学权威克尔教授的结论完全相反！最终，凭借确凿数据和严密论证，报告获得全场常委的一致通过。

钟南山为中国学者赢得了尊严、荣誉和地位，让英国同行信服，表示“要重新认识中国人”。归国时，曾告诫他“按英国法律，中国医生的资历不被承认”的导师弗兰里教授致信中国驻英大使馆，盛赞道：“从来未遇见一位学者，像钟医生这样勤奋，合作得这样好，这样卓有成效。”

“对自己祖国的热爱，不仅出自血浓于水的感情，更源自对祖国深厚文明底蕴的理解和骄傲。”钟南山曾在文章中袒露心迹。几十年如一日，正是这颗爱国爱民爱医的拳拳赤子心，时刻激励着他献身祖国医学事业，为人类身心健康奋斗终身。

真话和真药一样重要

严谨求真是科学家的天职，但在现实面前，往往并不那么容易。在钟南山看来，一句真话的分量比任何东西都重，“以人为本，起码要从讲真话开始。就像我们医生，对病人讲真话，才能让人信任你。真话和真药一样重要”。

2003年初，在那场突如其来的“非典”疫情中，已经“默默”当了7年工程院院士的钟南山一夜之间因为“敢言”而家喻户晓。

钟南山不仅是最早接诊“非典”患者的专家之一，也是最早觉察到“非典”蔓延的严重后果并果断向有关部门提出紧急报告的第一人。在抗击“非典”战役中，曾经有三个“岔路口”：病原体和衣原体之争、治疗方法、疫情判断。如果他没有在每一个关口都坚持己见，也许整个局面都要改写。

那年大年初三，67岁的钟南山临危受命，出任广东省“非典”医疗救护专家组组长。他主动向广东省卫生厅提出“请把最危重的‘非典’病人往我们这里送”，每次病人送到时他都亲自检查，他主持制定的“非典”诊治指南大大提高了危重病人的抢救成功率。

因为一连38个小时没合眼，他累倒在工作岗位上。高热不退，左胸疼痛，特别虚弱，连碗都拿不住，他怀疑自己感染了“非典”，不知道还能不能活下去。然而，他仅仅在家休息了8天，一退热就马上冲到救死扶伤的最前线。他说：“病人的生命重于一切。医院是战场，作为战士，我们不冲上去谁上去？”

在有关机构已经宣布“病因基本查清”的情况下，钟南山在专家会议上据理直言“非典的元凶不是衣原体，而是病毒”，并坚决反对使用抗生素。

会后，有朋友好心提醒他：“你就不怕判断失误吗？有一点不妥，都会影响院士的声誉！”钟南山坦然回答：“科学只能实事求是，不能明哲保身。”

2003年4月11日，有关部门召开的全国新闻发布会上，面对记者“疫情是否已得到有效控制”的提问，钟南山忍不住反驳：“什么叫现在已经控制？根本就没有控制！目前病原都还没搞清楚，你怎么控制它？我们顶多是遏制，不叫控制！”

钟南山此言一出，舆论哗然。

这样的结果早在钟南山预料当中。发布会前正值清明节，他来到父亲墓前，站立良久。他深知披露真相的后果，也有过激烈的思想斗争：有权威部门宣布“疫情已经得到控制”，但事实是它正在全国范围内快速传播。真相，说还是不说？最终，他将最后的决定告诉父亲：“我没有辜负你们的教诲，不违背良知、不说假话！”在明哲保身与科学家的良知之间，他置自身荣辱得失于度外，选择了后者。

次日，钟南山牵头的联合攻关组公布了最新研究结果：非典型肺炎的病原可能是冠状病毒的一个变种。4 天后，这项成果得到了世界卫生组织的确认。

“靶子”找到了，防控工作就能够有的放矢、对症下药，问题迎刃而解。钟南山的敢于坚持真理，挽救了很多病人的生命。

6 月底，“非典”疫情基本结束，民众生活重归安宁。

“一夜爆红”后的钟南山依然奋战在医疗战线，研究呼吸病，研制抗癌新药，防治慢阻肺病，出任中华医学会会长，并越来越多地在突发公共卫生

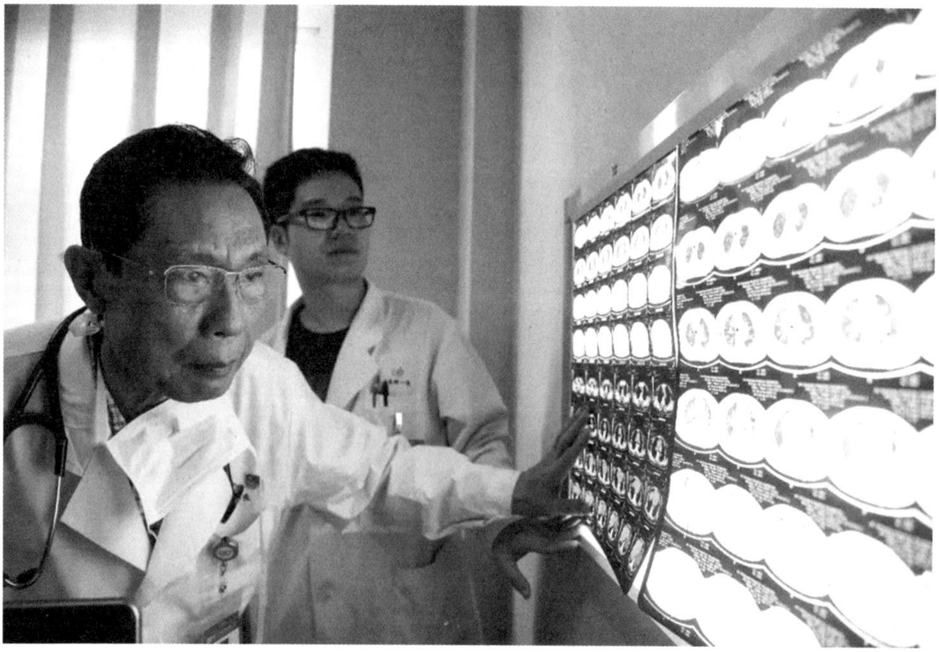

“一夜爆红”后的钟南山依然奋战在医疗战线，并越来越多地在突发公共卫生事件中发声，成为中国公共卫生管理体系发展的推动者和见证者

事件中发声，成为中国公共卫生管理体系发展的推动者和见证者。一出现涉及医疗和健康的大事件，民众和媒体就想听听钟南山怎么说，“讲实话、讲真话”的“南山精神”已成为一面高高飘扬的旗帜。

钟南山与体育有很深的缘分，有着辉煌的“运动员生涯”，2018 年，82 岁的他还担任“乐跑大使”

被媒体称为“问政炮王”的钟南山却对这个称呼很反感，他说：“我推崇讲真话,但真话不是真理，真话不一定是对的，不过真话起码是心里话。任何一个群体，包括单位、家庭，如果都能够讲真话，一定会是和谐的群体。”

至于外界的评价，钟南山心态很豁达：“我还是原来那个钟南山，不唯书、不唯上、不唯权，只唯实。如果说‘非典’成就了我钟南山，我宁愿那场灾难没发生……”

他最在意的是医生的天职，至于其他，并不放在心上。“做来做去、说来说去，自己的本行还是在的。谁把我看成什么，我都不在乎，因为我始终没有脱离医生为病人服务这个根本。”

人民健康的“守门人”

钟南山不仅是位名医，还是个堪称完美的“健康样板”，始终致力于向公众宣传疾病防控知识，身体力行地践行和传播健康理念，做人民健康的“守门人”。

已届耄耋之年的钟南山，一口气可以做 10 个引体向上。他坚信“健康不是天生的，要靠后天努力，锻炼和吃饭同样重要”。

钟南山把每星期五下午打一场篮球赛作为带研究生的一门必修课。他最感到惋惜的，就是蒋筑英、陈景润的英年早逝，故而十分强调人才的全面发展，

2018 年 10 月，钟南山院士出席中国医师公益大会

钟南山的名字，不仅是名医的代名词，是抗击“非典”英雄的代名词，也是医改先锋的代名词。他经常被媒体邀请接受采访

认为健康的体魄与丰富的学养二者不可偏废，“一个人不能四肢发达，头脑简单，但也不能满腹经纶，弱不禁风”，因为“没有强壮的身体，没有健康的生命，就谈不上学医，更谈不上救人治病”。

2007年的一次心脏除颤手术之后，钟南山不得不告别了心爱的篮球。这场病让他对健康和生命的认识更加深刻，所以他常常告诫大家：“事业是一个皮球，掉下去还能弹起来，但健康是一个玻璃球，一掉就碎了。”

关于健康，钟南山始终坚持这样的观点：预防疾病、保持健康比得了病再去医治更重要。

在这位抗击“非典”的领头人看来，“非典”对中国最大的改变，是人们更关注民生，而民生涵盖了教育、健康、住房、科技等各个领域。“‘非典’只是突发性传染病，我们遇到的公共卫生问题其实有很多。百姓健康不仅与个人生活方式、心理平衡、运动、饮食等有关，还与周围环境有关，包括空气、水、食物等，样样都值得我们关注。”

钟南山曾在全国“两会”上提出“健康远比GDP重要”的政绩观，也曾呼吁“广大医务工作者必须从‘以治病为中心’转向‘以健康为中心’，关口前移，重心下沉，这样才能实现全民健康”。这些理念已逐渐成为全社会的共识，深刻地影响着人们的生活。

80岁还可以干很多事

今年钟南山已经83岁，按说该是含饴弄孙、乐享天伦的年纪，但他一刻也不闲着，规划表上列得满满的。他从来不觉得年龄是个事儿，“现在人活得很长，80岁还能干很多事”。

曾打破全国男子400米栏纪录的钟南山崇尚体育竞技精神，尤其赞赏它的三大内涵：“第一是竞争的精神，一定要力争上游；第二是团队精神；第三是如何在单位时间里提高效率。”他将其贯彻于工作和学习中，这股“可怕”的拼劲让人难以想象这是一位“老人家”的日程表——钟南山几乎没有休息时间，每周四下午门诊经常看到晚上7点多，周三上午的会诊则往往忙到中午12点多，其他时间不是在开会，就是在搞科研、写论文、带学生，忙成了“永动机”。

尽管工作繁忙，但他依然精力充沛，因为"病人的信任是我最大的动力，病人的康复是对我最大的鼓励"。对病人，他无微不至的关怀令人感动——无论冬夏，他都要先把听诊器焐热，再给病人听诊。只要看诊过一次，他就能记住病人的基本情况。

就在如此紧张的节奏之下，钟南山的科研硕果累累：近年来在《新英格兰杂志》《柳叶刀》等国际权威刊物发表了 SCI 论文 100 余篇；出版各类专著近 20 部；主持制定了甲流、慢性咳嗽、慢阻肺等多种疾病的诊疗指南。

关于未来，钟南山"还想再奋斗 20 年"。父亲在 75 岁高龄而且眼疾非常严重的情况下还完成了 45 万字的著作，相比之下，他觉得自己还很年轻。

在钟南山的记忆中，父亲很严厉，也很勤勉。"父亲一生讲话很少，但每讲一句话，一定都有依据。父亲很少表扬我，唯一一次就是我在英国留学时，导师给大使馆写信肯定我的工作。父亲写信表扬我说：'你确实证明了中国人并不是不行的。'"

"父亲是我一生做人从医的榜样，他的鞭策是我这些年很大的压力，也是动力。"钟南山至今还会想起父亲晚年捂着一只眼睛伏案写书的情景，"他还担心我事业无成，不时问一句：'你今年几岁了？不年轻啦！'"

如今的钟南山，著作等身，荣誉无数，但他仍片刻不敢懈怠。他一直牢记父亲的叮嘱："人的一生总要为这个社会留下点什么东西。你不能白活。"殷殷期盼在肩，他不能也不敢让父亲失望。

钟南山说，自己还有两个梦想亟待实现：一是一定要把与国外合伙人共同研发了 26 年的抗癌药做出来；二是建设亚洲最大的心肺呼吸研究中心，打造一个产学研中心。

"爸爸，我还有两项工作没有完成，我只有完成了它们，才算是达到了你对我的要求。"这是钟南山对父亲的郑重承诺，更是一个医学世家纯正家风与治学精神的薪火传承。

红线女之子马鼎盛：母亲的生命属于粤剧艺术

口述：马鼎盛　整理：林维兵　马伟强

红线女（1925—2013）：原名邝健廉，生于广东开平水口泮村，家住广州西关。中国当代著名粤剧表演艺术家，与马师曾共同开创了中国粤剧史上花旦行当中影响最大的唱腔流派之一——红派艺术，为岭南粤剧艺术乃至中华文明树立了不朽的丰碑。1939 年，红线女随父母远赴澳门，正式学艺。1943 年，红线女与粤剧大师马师曾因戏结缘，并于 1944 年结婚。香港沦陷期间，红线女随马师曾转战抗战大后方，进行抗日救国宣传，用义演义唱募捐得来的钱财和衣物，支援前线抗日战士，救助后方苦难同胞。1955 年，红线女返广州，先后在广东粤剧团、广东粤剧院、广州粤剧团工作。2009 年，红线女荣获首届“中国戏剧奖·终身成就奖”。

马鼎盛：马师曾和红线女之子，香港媒体军事评论员、凤凰卫视主持人、中国近代军事史学会会员、广东省社会科学院客席研究员、广东省政协第十届和第十一届委员、中山大学台湾研究所顾问。

自古美人如名将，不许人间见白头。母亲却在粤剧事业上奋战到最后一刻，至死方休，因为害怕后继无人。我们对她最好的怀念方式，就是要把她对国家、民族深厚的爱和她对中华文化传统及粤剧的传承发扬光大。红线女与祖国荣辱与共，善始善终，她的生命属于艺术，她的艺术属于人民。

——马鼎盛

写信给母亲："妈妈，请您不要结婚！"

我从不隐瞒，在过往的很多年里，我并不怎么"待见"我的亲生父母。

我的生父马师曾，著名粤剧表演艺术家，被称为"粤剧泰斗""一代伶王"；我的母亲红线女以粤剧传统花旦唱腔为基础，吸收京剧、昆剧、话剧、歌剧、西洋歌唱及电影等技巧，创造出龙头凤尾、跌宕起伏、音域宽广、清脆秀丽、刚柔相济的唱腔风格，被誉为"南国红豆"、红派艺术创始人。

父母因粤剧结缘，但粤剧并没有将他们在生活上长久地拴在一起。父亲比母亲大20多岁，年龄的差距让他们在生活细节上表现出越来越多的不和谐。香港跑马地黄泥甬道是我的出生地，从我记事起，母亲就没在家吃过饭。父母分居多时，离婚提上了议事日程。祖母很强势，告诉我母亲："马家的男孩留下，女儿你可以带走。"于是，我和哥哥马鼎昌被"划归"父亲，两个姐姐跟随母亲。

这个让外人无比羡慕的粤剧之家就此分崩离析。让人欣慰的是，虽然分开了，但父母并没有成为仇人，对粤剧的痴爱依旧让他们一起交流、演出。我8岁那年，在征得父亲的同意后，母亲将我送到北京读书。那时母亲已是国家特级演员，待遇不低，但她对我却近乎"苛刻"。我到北京的第一个冬天，她给我买了一件大棉袄，随着我个头的增长，袖子不断加长，下摆也不断加长。可胸围怎么加呢？就在后边剪开再补一块布。这件棉袄，我穿了10多年。

我对父母真正心生隔阂，是从他们开始谋划各自的再婚生活开始。假期

红线女与马师曾

从北京回到广州，父亲带我去吃西餐，一同去的还有一个30多岁的姓王的女人。饭后回到家，父亲告诉我，他要和王同志（父亲不让我们称呼她为阿姨）结婚。“我不同意！”潜意识里对后娘这个角色的反感让我直接顶撞了父亲。

但我的反对并没有改变父亲的决定。回到北京后，我很快得知了父亲与王同志结婚的消息。雪上加霜的是，不久，我得到消息，母亲也要再婚了。我的心在那一刻沉入谷底，连做梦都想着如何阻止母亲再婚。从北京到广州山高路远，我不可能立马赶回广州，于是三更半夜修书一封，先是向母亲汇报了自己在北京的学习和生活情况，最后写上一行大字，重重地强调：“妈妈，请您不要结婚！”

半个月后，我收到了母亲的回信。这封信与以往任何一封写给我的信没有两样，叮嘱我在北京要好好学习，我想要的答案母亲只字未提。

心，依旧在半空中悬着。再次回到广州的时候，我成了“小警察”，寸步不离地“监督”母亲，家里来的每个客人，无论是六七十岁的老头，还是二三十岁的小伙子，只要是男人，我都觉得可疑：妈妈会不会和这个人结婚？这个男人会不会成为我继父？于是，来我家的男客人无一例外看到的都是我的黑脸、调皮和无理取闹，直至他们悻悻离去。

马鼎盛的祖母和她的四个儿子（右二为马师曾）

或许是我的努力起了作用。此后很长时间里，我没有听到母亲要结婚的消息。在与母亲打拉锯战的同时，我还进行着另外一场“战争”，对手便是我的继母。王同志与我父亲结婚没多久，我哥便搬到我妈那儿去住了，这让我越发对她有成见。王同志与我父亲在一起 4 年，4 年里我与她没说上四句话。4 年后，我父亲因咽喉癌去世，遗体告别会上来了不少领导和社会名流，工作人员安排我和王同志作为家属站在一起，15 岁的我死活不肯，两个大人来拉我都没有拉动。

母亲太高了，高到我无法企及

母亲再婚已是 10 年之后的事。那年，我 25 岁，已告别北京回到广东，在粤北山区一家机械厂当工人。已成年的我再也找不出理由来阻止母亲结婚，却依旧在心理上无法接受。

母亲这次嫁的男人是个作家。与第一段婚姻一样，母亲这段婚姻也只维持了10年，所不同的是，母亲的第二任丈夫，也就是我的继父是因病离开她的。在继父患肝癌晚期的日子里，我母亲每天往返于家与医院之间，无微不至地

马鼎盛与母亲红线女

照顾他。继父去世那天，母亲推着他的遗体从病房走到太平间，60岁的她腰板硬朗、步履稳健，脸上没有一滴眼泪。

或许只有我知道母亲的苦楚。她有多伤悲，我内心就有多懊悔。由于我的阻止，母亲在与我父亲分开后整整独居了20年，20年后好不容易拥有了婚姻，但她的伴侣却过早地撒手人寰。

40岁时（1989年），我举家迁往香港。一开始我们租住在一间没有厕所的唐楼板间房，用“穷困潦倒”来形容一点儿也不过分。为了生计，我打好几份工，先后为《明报》《大公报》《天天日报》《星岛日报》《文汇报》等报刊撰写时事评论、军事专栏等，也曾经在香港电台等媒体做兼职主持人。

这是我生命中最艰难的时期，母亲却在艺术上再攀高峰。她不断创新自己的表演风格和样式，演出了现代剧《白燕迎春》《西关女人》，历史剧《昭君公主》等，并将中国古代“四大美人”同时搬上舞台，在70岁高龄之际，将四位妙龄少女的艺术形象演绎得迥然有别、惟妙惟肖。

母亲心里一直惦记着我。那天母亲事先没有通知，突然出现在我家，面对小小房间连个站的地方都难以找出来的状况，她很久没有说话。我内心惶恐，也不敢言语，我知道母亲在努力控制自己的情绪。临走的时候，母亲告诉我："孩子，中国有句古话：安居才能乐业。"

我明白母亲说这句话的意思，彼时我到香港已有几个年头，购房置业的想法日益坚定。我拿出全部积蓄，又想办法借了一些，凑齐首付款购买了新鸿基地产一套总价 120 多万元港币的楼房，虽然只有 30 多平方米，但这是我在香港真正的家。

母子连心，母亲对我的关注依旧含蓄真切。一次，我回广州探望母亲，恰逢一大帮亲戚在酒店吃饭，母亲见我来了，说："难得大家聚得这么齐，阿盛你请回客，把单埋了吧。"我说好，然后拿出银行卡刷卡。这时，母亲故作随意地问我："这卡里还有多少钱？""4 万多元。"我告诉她。我知道母亲的意思，在香港，编辑记者的薪水并不高，我既要养家还要供楼，母亲担心我这回请客后就成了"月光族"。好在我打了几份工，还在几家报刊开专栏，收入来源广，我的回答让母亲心安了许多。

母亲牵挂着我，却常常忘了她自己。继父去世后，母亲一直独居在广州。20 世纪八九十年代，广州的治安并不怎么好，有一次，窃贼接连洗劫了我母亲居住的华侨新村好几户人家，母亲家也未能幸免，更悲惨的是，已经 70 多岁的母亲被打成重伤。

我们几个子女，有的在中国台湾，有的在加拿大，都不在母亲身边。说起来，在香港的我离母亲最近，可出了这么大的事母亲却瞒着我。我得知这事的时候母亲已伤愈出院。母亲知道我忙，工作压力大，她不想让我分心。

只是母亲的体谅却让我内心越发不安。年逾古稀的母亲遭此劫难，作为儿子却无法保护她，我内心有愧。如果母亲身边有个伴，事情会不会完全不一样？想想年少时那么鲁莽并执着地反对母亲再婚，自责就如同潮水一般漫过心房。我很想告诉母亲："老娘，您再找个伴吧。"可是作为儿子，这句话我怎么也说不出口……

努力成为母亲的骄傲，斯人却已离去

2003 年，我正式加盟凤凰卫视，成为《军情观察室》节目主持人，同时还担任《时事开讲》《时事辩论会》及《时事直通车》等节目的评论员。

母亲一直在默默关注着我，我主持的节目她每期都会收看，首播看不了的看重播，要是连重播也错过了，她会打电话让我把节目制作成光盘寄给她看。而且，母亲没少给我提意见。一次，我穿唐装做节目，母亲后来给我打电话："你根本就不会穿唐装。穿这衣服，领子露多少、袖子露多少、坐的姿势怎样，都是有讲究的。"

我的事业一天比一天发展得好，母亲却一天比一天衰老，老了的母亲很希望能有子女陪伴在身边。那天在广州参观红线女艺术中心时，我对中心的未来建设提出了自己的建议，母亲无比兴奋："你的想法很好啊，要不回广

2008 年挂历上的《红线女心路之桥》剧照

2009 年 5 月，红线女在北京天安门广场拍摄纪录片《艺海明珠》

2012 年 12 月 25 日，红线女在红线女艺术中心小剧场与马鼎盛同台对唱

州来帮我？”她甚至和我开玩笑：“电视台给你开多少薪水，我同样开多少。”

我告诉母亲：“我们还是经营各自的领域比较好。但只要有机会，我都愿意与您联手合作。”母亲点点头，不再强求。

只有我知道，每次表演完毕走下舞台，母亲都会大汗淋漓。母亲从小身体就不好，当年在广西八步产后失调，大病一场以致失聪，从此药不离身。可是一上台，她就要给观众展现最好的状态，所以，我不喜欢看母亲的表演，更多的是不忍。

可是我珍惜与母亲同台表演的机会。2012 年 12 月 25 日，母亲 87 岁生日，大伙在红线女艺术中心为她庆生。母亲这天状态不错，心情也不错，如老顽童一般开心：“我不求生日礼物，只想每人唱段粤剧。”轮到我时，我选择了父亲马师曾的名剧《苦凤莺怜》。母亲大声问大家：“要不要我反串唱‘我姓余’？”还没等大家鼓掌叫好，我从后台边走边唱：“我啊姓啊啊啊啊余，我个老窦又系姓啊啊余……”一定是曾经的经典唤醒了母亲的某些回忆，她捧腹大笑，却不断擦着眼角溢出的泪水。

曾经，因为反对母亲再婚，因为觉得母亲对待我和哥哥没有“一碗水端平”，我与母亲隔阂多年。记忆里，我与母亲之间的拥抱屈指可数。每次回广州探望母亲，告别时，已移民加拿大的哥哥会搂着母亲贴贴脸，我却坚持中国的传统习惯，鞠躬如仪。而在这一刻，已届耄耋之年的母亲和她年过六旬的儿子，两颗心贴得却是那么近……

母亲的离开太匆匆，匆匆到令人猝不及防。2013 年 11 月 28 日，在广州粤剧团成立 60 周年晚会上，母亲登台演唱《荔枝颂》，这是她 70 余载艺术生涯的最后一次公开表演。两天后的 11 月 30 日，我在广州图书馆举办国防教育讲座，母亲坐在第一排，从头到尾认真聆听。讲座结束后，她推掉本已约好的饭局，和我一起吃午饭，饭后送我去火车站，眼里尽是不舍。

我没想到此次分离竟是与母亲的永别。2013 年 12 月 8 日，母亲永远地离开了我们，长期患病让她身体消瘦、肌肉萎缩，1.63 米的身高缩得不到 1.5 米。很想最后好好拥抱母亲，可是悲伤的我无法自已……

逝者长已矣，我知道，九泉之下的母亲一定不希望再看到我们悲伤。我们好好活着，努力地活着，就是对母亲最好的祭奠与怀念！

国画大师关山月：文化自信是最珍贵的传家宝

口述：关 怡 关 坚 整理：刘婷婷

关山月（1912—2000）：广东阳江人，著名国画家、教育家，岭南画派代表人物。曾任广州美术学院终身教授、副院长，中国美术家协会副主席，全国文联委员，广东省文联副主席，中国美协广东分会主席，广东画院院长、名誉院长。

其代表作有《新开发的公路》《俏不争春》《绿色长城》《天山牧歌》《碧浪涌南天》《祁连牧居》《长河颂》等。他与国画大师傅抱石合作的不朽巨作《江山如此多娇》悬挂于北京人民大会堂，画作左上方有毛泽东的亲笔题词“江山如此多娇”。它是唯一一幅有毛泽东亲笔题字的绘画作品，完成于1959年新中国成立10周年前夕，有着特殊的政治意义和艺术要求。在不计其数的作品中，关山月以饱满的热情和细腻的笔触勾勒出新中国发展的时代特征，也体现了他的家国情怀、做人处世的铮铮风骨。

关怡：关山月之女，1945 年出生。曾任广东画院创作员、广州美术学院研究员。中国美术家协会会员，国家高级美术师，广东省关山月艺术基金会首届理事长。出版有《关怡工笔花鸟画选》。

关坚：关山月之孙，1975 年出生。曾任岭南画院副院长、岭南美术馆副馆长。现为广东画院画家、广东省美术家协会理事、广东省关山月艺术基金会执行理事长。

关山月与傅抱石合作的《江山如此多娇》，悬挂于北京人民大会堂

父亲生前一直希望成立一个艺术基金会，向世界弘扬中华优秀传统文化，帮助更多优秀青年画家成长，但由于种种原因一直没有办法实现。为了完成父亲遗愿，我们筹备成立了广东省关山月艺术基金会：一是借此举办中华文化和岭南画派的研究交流活动，弘扬中华优秀文化；二是设立关山月奖学金和关山月学术奖等奖项，奖励优秀青年画家，推动中国青年书画家成长。

——关怡

关怡

以艺术爱国，以精神传家

口述：关 怡

我的父亲关山月1912年农历九月十六出生于广东阳江那蓬乡果园村。他天生喜欢画画，熟读唐诗。1935年，父亲得到岭南画派创始人高剑父先生的赏识，得以免费进入春睡画院，成为高氏入室弟子。

1939年，抗日战争时期，父亲逃难到澳门。他原本想去抗战前线，但是在内地问了很多抗战单位的负责人，他们都说前线不需要画画的，父亲便想到换一种方式去救国，通过写生创作了一批抗战题材的画作，以此表达他的爱国感情。1940年，父亲在澳门复旦中学举办了第一场个人画作展览，就叫“抗战画展”，把他在逃难过程中看到的场景和人物画了出来。画展在当时引起巨大轰动，父亲一举成名，澳门成了他的艺术启航之地。后来，他又带着我的母亲李秋璜一起去西南、西北写生，又到敦煌临摹壁画。

1945年，父亲将在西南、西北创作的写生画和部分敦煌临摹画于成都、重庆展出，美术界对此反响强烈。美国新闻处一名处长出高价欲收购其近百幅敦煌临摹画，但纵使当时生活贫困，父亲仍然婉言拒绝了。他后来对我说，不卖这些画是有两个原因：第一，我们国家的文物临摹画不能流到外国去；第二，那是我母亲提着蜡烛和油灯陪伴着他，在极其艰苦的条件下画出来的。因为有妻子点灯，他才画得比别人多，所以不愿意卖，就像是自己的儿女一样。可见他多么有风骨，多么爱国爱家。

新中国成立前夕，高剑父老师请他回来广州市立艺专教书。随着人民解放战争不断取得胜利，国民党统治区的经济、政治、教育危机日益严重，爆发了“反饥饿、反内战、反迫害运动”。父亲就跟学生一起参加了爱国大游行，并到中山大学慰问受迫害的学生和教授。没料到，游行后第二天，报纸上就登出了这则新闻，并列出了一大串名单，其中就有“关山月”。过了几天，父亲收到一封匿名恐吓信，信纸上画着一把手枪和几颗子弹。他看势头不对，就悄悄地离开广州去了香港，找到他的老朋友香港著名美术评论家黄茅和“人间画会”的负责人黄新波、张光宇等进步画家。成立于 1946 年 6 月的“人间画会”，作为中共香港文委的下属机构，吸引和接待了大批赴港避难的艺术家。父亲在“人间画会”第一次读到了毛泽东的《在延安文艺座谈会上的讲话》，认识到“生活就是创作的源泉”是他要走的艺术道路。可以说，在此之前父亲的进步行为

1947 年 7 月 11 日，关山月与老师高剑父（左）合影

1949 年 11 月，《中国人民站起来了》毛主席巨幅画像挂在爱群大厦，庆祝广州解放。右二为关山月

都是自发的，直到这个时候，他终于找到了组织。

1949年，父亲与“人间画会”的画家黄新波、黄茅、廖冰兄、张光宇等人一起绘制了表现毛泽东形象的巨画《中国人民站起来了》，他们以实际行动投入到新中国的怀抱。之后，他们又乘坐省港直通车恢复后的第一班列车，护送这幅高9丈、宽3丈（1丈=3.3333米）的巨幅毛主席画像回到广州，交给军管会，共同把画像挂在了爱群大厦上，庆祝广州解放。

关山月以女儿为模特创作的作品《听毛主席的话》

1953年9月，父亲到武汉中南美术专科学校任教，我便在中南美专办的美术小学上课，学画画、钢琴，度过了快乐的童年。父亲教国画系，上人物课时，偶尔模特请假了，他就会把我拉过去当模特，所以他的学生都跟我很熟悉，都画过我。以我为模特的画《穿针》，后来还成为父亲的代表作之一。

父亲对我要求很严格，但又很慈祥。他对创作非常专注，因此对家里的事管得不多。新中国成立初期实行粮票制，发粮票是按照家里有多少人口来定的，我们家也没有搞特殊化。我并没有因为父亲在学校里的职务（教授、副院长）而得到特殊的待遇。父亲对我的教育总是有很高的要求，强调要做一个好人。父亲在教学上也是这样，他总是说：“先学好做人再学画画。”他出差，或我去外地读书时，他都会给我写信，叮嘱我好好学习。

20世纪60年代，“知识青年上山下乡”在全国展开，我作为独生子女，本来是可以不用下乡去当知青的，但父亲做我的思想工作，说要响应国家的号召。1963 年的一天，我收拾好行李，临走之前父亲说要给我画一幅画。他从书柜上拿了一本毛泽东著作递给我，然后用画笔记录下这个瞬间，这幅画就叫作《听毛主席的话》。

其实当初我心里也感到委屈，如果不去当知青，我就可以去找工作或继续升学。现在看来，那段知青岁月还是很有意义的，这也是父亲对我的教育。

1958 年，经过国务院文化部批准，中南美术专科学校从武汉搬回广州，成立广州美术学院，父亲任副院长。父亲提出成立中国画系，上级领导同意了，于是他成为广州美术学院中国画系第一任系主任。他也是广州美术学院附中的首任校长。

广州美院成立初期，父亲参与了选址工作。当时昌岗路一带（现广州美术学院所在地）很荒凉，我还和小伙伴们去挖过地下的番薯吃。那时候广州美院缺的不是地皮，而是钱，有关部门负责人说："你们要是能找到钱买砖头，围起来的地盘就是你们的。"为了帮美院买红砖围地，父亲主动把自己的工资都掏了出来。这些往事鲜为人知，父亲从来不对别人说。

对他人慷慨的父亲对自己却很"吝啬"，他在家里最爱吃咸鱼、豆豉、青菜，一条裤子穿了很多年，缝缝补补都不舍得扔。但他对我说，如果出门到外地一定要整整齐齐、干干净净、漂漂亮亮的，所以他每次出国办画展或参加文化交流活动时，都是穿着笔挺的西装。他说："因为这是代表我们的国家、我们的民族，一定要注意形象。"

很多人都开玩笑说，我的先生陈章绩是父亲替我选的。他是我父亲的学生，也是同乡。那时候父亲总跟学生打成一片，我都喊他们哥哥姐姐。学生们经常来我们家，陈章绩也在其中。"文革"时，父亲受到迫害，他和母亲都被关在"牛棚"里，连喝水都困难。其他学生都很害怕，要跟老师划清界限，不敢去看望他，只有陈章绩经常去给父亲他们送水和食物。

1971 年，父亲从干校回来，陈章绩还去接他。我的父母亲都觉得这个学生很老实，很有正气，待我从苏州丝绸工学院毕业回来，就把我正式介绍给他。

我喜欢陈章绩是因为他很有才华，他擅长国画的山水、人物、花鸟及书法，但为人很低调。他以前从不卖画，也不办画展，直到 75 岁时才在儿子的劝说

1972 年春节，关山月夫妇（前排）与新婚的女儿关怡、女婿陈章绩（后排）在广州美术学院家中合影

2019 年 10 月，在庆祝中华人民共和国成立 70 周年“我和我的祖国”广东优秀美术作品展中，关山月、陈章绩、关坚三代人都有作品参展。图为关怡在父亲关山月的代表作品《绿色长城》前留影

下举办了自己的第一次画展。

我们家里有一方砚台，是从我爷爷手里传下来的。父亲读中学时，家里很穷，虽然他考上了几所学校，但最终选择了免费的师范学校。爷爷说没有什么可以给他，就给了这方砚台。后来，父亲赠给我，我又传给我的儿子关坚。砚台木制的盖子上有父亲用毛笔书写的“全家宝”三个字，他后来在宣纸上又写了一次，打算找人刻在木盒盖子上，以留子孙后代存念。我们家人每见此砚，就想起父亲的教诲，勤学苦练，不敢松懈。

关坚

言传身教，文化自信与家国情怀融合

口述：关 坚

我小时候是在爷爷关山月身边长大的。印象中，他很慈祥，却对我们的学习、生活作息要求很严格。比如放假时我想睡懒觉，爷爷却说要养成早睡早起的习惯。他立下规矩，每天吃完早餐，我就得陪他去画室画画，帮他磨半个小时的墨。一开始我很抗拒，他说这可以锻炼一个人的耐心。我当时不理解，现在想起来才明白爷爷的良苦用心。

老人家有他的一套教育方法，磨墨时他会跟我讲他的一些经历和故事，包括对生活的感悟和做人的道理。他说：“你看我画画吧，天天看也没意思，那买部录像机，你拍我画画吧！”于是我一边拍，他就一边讲，这些影像在今天成了非常珍贵的资料。

有时候我在旁边看爷爷画画，他也会叫我一起画。家里有个花园，养了两只猫、两只小鹦鹉和一只小狗，爷爷就叫我和我弟弟画这些身边的事物。等到我们放寒假，水仙、牡丹都开了，他便叫我们画花。到了暑假，我们每天早上要拿旧报纸来练字，练够了才能出去玩。

每年的大年三十晚上，爷爷就会在家中铺开一张长卷的宣纸，从最小的家庭成员开始作画，弟弟、我、妈妈、爸爸、爷爷、奶奶……全家人轮流画画，一起完成一幅作品，第二天就在客厅的墙上挂起来。通过一幅画，我们纪念过去的一年，迎接新一年的到来，这成为我们的家庭传统。我觉得很温馨，这是一家人的一种沟通方式，也是一种传承。

关山月在广东萝岗进行梅花写生

我最难忘的还有和爷爷一起旅行的时光。在我小时候只要是放暑假，又恰逢爷爷去北京开会或创作，他就会带上我。只要有我去，他都不坐飞机，而选择坐火车。他说："飞机一下子就到了，坐火车可以带你看看沿途的风景，看看祖国的山河，感受一下现在的生活多幸福……"在火车上，我们一起画速写，爷爷还会给我讲他的经历，通过旅途中的讲述，让我更加直观地了解他所到过的地方，发生过的故事。比如20世纪40年代，他第一次去桂林，画了《漓江百里图》。20世纪80年代，

1993年，关山月与孙儿关坚在悬挂于"隔山书舍"的作品《漂游伴水声》前合影

我读小学时，他又带我们一家人去桂林，画了第二幅《漓江百里图》。我们跟随着他的脚步，进入了他丰富而朴实的精神世界。

爷爷所坚持的岭南画派创作，其中一个宗旨就是“艺术源于生活”。爷爷他们那一辈人一直以来都践行这样的艺术创作思想。新中国成立后，他们坚持到全国各地去采风写生。他对我说：“你宅在家里是画不出来的，即使是临摹古画，也要在实际中应用，在生活中获得灵感，获得真实的能够感动你的那一部分，然后再创作出来，这才是活生生的东西。”他经常说：“如果你的创作都不能打动自己，怎么能打动他人？”在我上大学时，他问我：“你们的老师现在怎么样，还坚持写生吗？老师要言传身教，把下乡采风作为重要的事情去做。”很多人觉得他讲这些东西很老土，是过时的观念，但他认为这是一个真理，是艺术上的坚持。今天看来，老人家还是很睿智的。

爷爷的老师高剑父带学生有一个要求：学生创作时不能画得跟老师一样，要找到自己的个性、风格、思路和观察的角度。这也是爷爷对我的要求。

爷爷还对我讲过一个故事：他刚跟高剑父学画画时，因为家里很困难，他不仅要挣钱养家糊口，还要经常回家处理各种琐事。有一次，他一连几天都没去上课，老师问他为什么，他说家里穷得揭不开锅了，自己要帮忙解决吃饭问题。爷爷以为老师会理解他，没想到高剑父严厉地批评了他一顿：“来我这里学画画就不要想着赚钱！”爷爷感到很委屈。几天后，老师来找他，问：“你有什么需要我支持的？比如钱的事，我可以帮忙解决，但是你学画不能分心。”爷爷十分感动。后来，他在教学上也很严格，同时经常拿出钱来资助学生。美院曾经有个学生要换肾，急需用钱，爷爷马上捐了一幅画，用筹得的钱给他做手术。爷爷的这些行为始终感染着我们，我从他身上不仅学会了画画，更重要的是学会了做人处事。

爷爷一生沉沉浮浮，过后还是豁然开朗。我从小就感受他对祖国的感情很强烈。他经常对我们讲：“要是我们的国家不强大，就会受欺负。”爷爷20多岁时有一次乘电梯，看到一个外国人的帽子掉在了地上，一个中国人帮他捡起来，没想到外国人不但不表示谢意，还扇了那个中国人一个耳光。“就是因为当时我们国家弱小，我们就低人一等，外国人觉得你把他的帽子搞脏了。”爷爷平时很谦虚，但代表中国外出进行文化交流时却表现得很自信。

1983年，关山月与家人在广州美术学院“隔山书舍”住所，左起：陈章绩、李秋璜、关坚、陈强、关山月、关怡

有一次去日本办画展，开幕式上接受记者采访，同行的一位中国艺术家很谦虚地说：“不行，不行。”爷爷就说：“这个时候应该有自信，要说我们是最好的。”其实这就是“文化自信”，爷爷认为：“在不同的文化背景下，艺术并没有高低之分，我们中国的绘画和文化不会比西方的差。”

爷爷的作品中，我印象最深刻的是《绿色长城》，因为他跟我讲过这幅画背后的故事：他小时候从家乡的小渔村走很远的路到县城，经过寸草不生的十里银滩，沙子把脚底都烫起了泡。他心想，要是这里可以种上树该多好啊！新中国成立后，他回到家乡，亲眼看到海边居然绿树成荫——那是国家种的沿海防风林。看到这个场景，他内心很感动，儿时的愿望终于在新中国实现了！于是，他创作了《绿色长城》，且画了大大小小几个版本，每一幅都不一样，看得出他对这个题材十分热爱。

1997年，深圳关山月美术馆落成。爷爷向该馆捐赠了800多幅各个时期

2019年6月，全家在广州岭南画派纪念馆观看“翰墨绘新图——岭南画派画家描绘新中国作品展”时于关山月先生作品前留影。从左至右分别是关坚女儿关琬琛、关坚、陈章绩、关怡、关坚妻子卢婉仪

的代表画作，后来他又向岭南画派纪念馆捐献了145幅作品，向广州艺术博物院关山月艺术馆捐献了105幅作品。就这样，他在短短一年多内，向国家献出了1000多幅优秀画作。爷爷在世时曾在广州美术学院设立关山月奖学金，帮助有困难的优秀老师及学生。老人家走了以后，我们继承了他的遗愿，发起成立了关山月艺术基金会，为弘扬中华优秀传统文化，帮助更多优秀青年画家成长，贡献一点力量，也算是让爷爷的精神一直传承下去吧。

婚姻大事，见证时代变迁

婚姻大事，见证了新中国 70 年的发展变化，更见证了一代又一代人的成长经历。

1950 年 5 月 1 日，新中国颁布了第一部法律——《中华人民共和国婚姻法》。70 年来，伴随着我国婚姻家庭观念与制度的革新，婚姻法不断完善和系统化。

结婚证，这个小小的方寸之地，记载着有情人的心路历程，成为人们婚姻的见证。结婚证的外观设计和图案无不打上时代的烙印，但对爱的承诺和坚守却不会随时间的流逝而改变。

70 年来，结婚照和结婚仪式，同样发生了变化。特别是现代婚礼的多样性，容纳了对生活方式的不同追求、对结婚人的尊重，每个人都有自由选择的权利。婚姻大事的演变路径，正是社会发展、文明进步、婚恋观念不断更新的直接展示。

1950 年，《中国人民共和国婚姻法》宣传画。下方文字为“自由婚姻　美满幸福”（文化传播 /FOTOE）

20 世纪 50 年代的结婚证，民族风格浓郁，有麦穗、玉米等图案，反映当时农业在国民经济中的重要地位，还有和平鸽图案以及当地政府负责人的签名，代表中国人民维护世界和平的愿望和对婚姻家庭的严肃态度

20 世纪 60 年代的结婚证，上面印着毛主席语录，除传统农业图案，还出现了鸳鸯、并蒂莲等吉祥图案，表现出人们对美好生活的向往（人民图片 /FOTOE）

20 世纪 70 年代后期的结婚证，图案开始变得简约，从传统的农业图案逐渐过渡为工业图案，如电塔、水库大坝等

20 世纪 80 年代的结婚证，逐步还原了法律文书的朴素本色

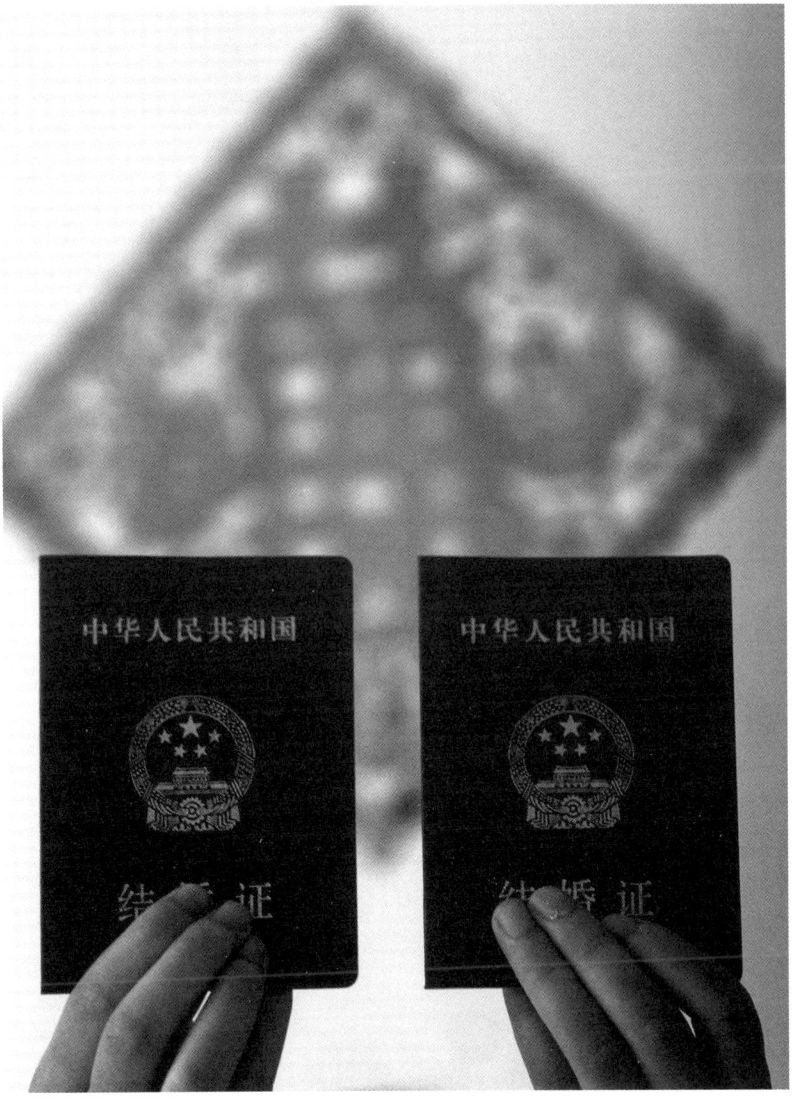

20 世纪 90 年代的结婚证，式样由“奖状式”完全转变为“护照式”，取消了复杂的图案。2004 年，全国统一新版结婚证，证件内盖“中华人民共和国民政部”印章，全国统一编号，内容为横版打印，使用了防伪水印币纸，水印图案为“囍”字样（人民图片 /FOTOE）

20 世纪 50 年代，广州市郊白云区寺右镇，翻身农民新式结婚仪式。由于这对新人大胆打破封建习俗，乡妇女代表赠给他们“婚姻自由”锦旗（文仕博档馆 /FOTOE）

20 世纪 50 年代，在婚姻法的鼓励下，广州农村的一对新婚夫妇在毛主席像前举行新式婚礼（文仕博档馆 /FOTOE）

1957 年 8 月，广州的一对新婚夫妇把单位宿舍布置成新房（董力男提供 /FOTOE）

20 世纪 50 年代至 60 年代，广州市民开始在百货商店购买印有“囍”字样的结婚床单（文仕博档馆 /FOTOE）

20 世纪 60 年代的军人结婚照。虽然条件不够好，但社会上都流行穿军装拍照。军装是最美的“结婚服装”（傅光提供 /FOTOE）

20 世纪 80 年代，广东人家结婚时家里的“标配”：电风扇、皮革沙发，茶几和沙发上放了针织的白纱巾（刘博智提供 /FOTOE）

1980 年，珠海斗门农村用单车接新娘的新郎。看上去，孩子们比接新娘的新郎还要兴奋（安哥 /FOTOE）

1995年，处于改革开放前沿的广东人民的生活方式发生了巨大变化。这是广州市一名市民结婚时，租用了一辆当时国内极为罕见的劳斯莱斯汽车作为婚车迎娶新娘（安哥 /FOTOE）

2008 年 10 月 1 日，汕头市 20 对新人选择在国庆当天举行集体婚礼。其中一个重要环节是新人种植同心树，移风易俗，又不失浪漫，非常有纪念意义（刘武华提供）

常胜将军陈伟文：勇敢亮剑保家卫国

文：徐祖荣

陈伟文：中国人民解放军海军少将。1937 年 4 月生于广东台山，1956 年 9 月考上武汉大学，响应国家号召投笔从戎，转至海军指挥学校（现海军大连舰艇学院）学习，1961 年 6 月毕业后被分配到海军榆林基地工作，1980 年 3 月调至海军广州舰艇学院先后任教官、训练部副部长，1987 年调任榆林基地参谋长，1990 年 7 月调任海军广州舰艇学院副院长兼训练部长，1995 年 6 月退休。

作为 1988 年“3·14 海战”海上编队指挥员，指挥 502、531、556 护卫舰编队在南沙赤瓜礁海域痛歼侵略者，取得了中国海军自蒸汽舰艇以来抵御外族侵略战斗中最为辉煌的胜利。《现代舰船》杂志评价“3·14 海战”为“一场奠定南沙格局的战斗”。陈伟文一生参加 6 次海战，全部告捷，有媒体称之为“常胜将军”。2019 年 4 月，陈伟文荣获“人民海军 70 周年突出贡献个人”表彰。

我投笔从戎已40个春秋，回顾这40年走过的既平坦又崎岖不平的曲折道路，真是感慨万千。40年中，我曾在祖国的“天涯海角”榆林、西沙、南沙工作了24年，完成过多次重大任务；参加和指挥过6次海战，为保卫祖国领土完整和海洋权益而英勇战斗过；在舰艇学院工作了13年，为培养海军舰艇指挥人才而努力工作过。我不辱使命，完成了一个军人应该完成的任务，做出了一个共产党员应做的贡献。因此，今天，当我举手向军旗行告别礼的时候，我可以自豪地说：此生无愧于海军事业。

40年的生活经历，使我明白了一个道理：一个国家，一个民族，贫穷就要受欺，落后就要挨打。要想不受欺负，就要真正自立于世界民族之林，就必须把国家建设好。为使中法马江海战和中日甲午海战的历史悲剧不在中国重演，为使太平洋实现真正太平，我们必须建立一支强大的海军。

——陈伟文（摘自1995年7月3日在海军广州舰艇学院全院团以上干部大会上的讲话）

2019年4月21日上午，庆祝中国人民解放军海军成立70周年大会在北京举行。大会回顾了人民海军70年来的奋斗历程，总结在战斗、建设、改革、转型和军事斗争准备实践中形成的历史经验，展望在新时代征程上全面建成世界一流海军的光明前景，并对70年间为海军建设发展作出突出贡献的单位和个人进行表彰。

作为“3·14海战”海上编队指挥员，82岁的陈伟文将军应邀进京出席了这次大会，并接受了“突出贡献个人”证书和纪念章。陈将军偕妻子梁悦融由穗赴京共同接受这份殊荣。的确，将军在海军生涯中经历过无数惊涛骇浪，建奇功、立伟业，与妻子的坚定支持和坚韧担当密不可分。

一路追随，只为支持丈夫的事业

陈伟文是广东省台山县都斛镇白石乡塘边村人，童年时代吃过不少苦。

新中国成立后，他努力学习，考上都斛中学和广东百年名校——开平第一中学。1956 年高中毕业后，他考上了武汉大学。为响应国家选调一批优秀热血青年加入海军队伍的号召，他毅然投笔从戎，转至海军指挥学校（后改称海军大连舰艇学院）学习。

1961 年，24 岁的陈伟文从海军指挥学校毕业。这年 6 月，他与 27 名学员一起分配到南海舰队，到广州后住在舰队司令部招待所。一天，舰队政治部干部处的高宝坤干事来和 28 名学员集体谈话。他简要地介绍了南海舰队情况，最后说："如果讲生活条件，广州是最好的，其次是汕头、湛江、海口，榆林比较差些，同志们愿意到哪里去？都请谈一谈。"

陈伟文第一个发言："我愿意到榆林去。"接着，大家都表达了自己的想法。其实，舰队干部处事先就已经把这批毕业生定位了，座谈的目的是要摸摸大家对待困难的态度。

来到榆林基地，陈伟文成为猎潜舰 73 大队标兵舰"扬州号"的航海长，他是该舰部门长中唯一的大学生。政委王峰岭不仅关心他的工作进步，也关心他的个人生活，遂向舰上干部提出，要帮航海长找到对象。

后经副观通长黄礼群介绍，陈伟文认识了广州军区后勤部直属第一门诊部的梁悦融。

陈伟文了解到，时年 18 岁的梁悦融从小受父母熏陶，爱唱爱跳。1960 年 6 月，梁悦融考上专业文艺团体，从广东兴宁县来到广州军区战士歌舞团，后因人员精简被调到广州军区后勤部直属第一门诊部工作。

多次接触后，陈伟文在内心深处爱上了梁悦融，但一个属陆军，工作在广州，一个属海军，工作在海南岛最西边的海军榆林基地，相隔遥远，是否会成为进一步发展关系的障碍？

时间证明，陈伟文多虑了。"军人自有军人的爱情。"陈伟文每次探亲，既要去台山老家看望父母，又要到广州去看梁悦融。为能早些见到她，每次陈伟文都选在距门诊部不远的海军招待所住下。部队要求严，梁悦融工作忙，平时没有时间出来陪陈伟文，只能利用午休或晚饭后见面。陈伟文回忆说："每当远远见她急匆匆走过来的身影，那种激动、兴奋、幸福和甜蜜的感觉，一下子就涌上心头。"

梁悦融与陈伟文的结婚照

一家人在三亚红沙滩涂合影

1967年1月底，陈伟文与梁悦融举行了简朴的婚礼。门诊部领导知道陈伟文远在海疆部队，十分体恤他们，在单位住房极其困难的情况下，腾出了一间不足9平方米的小房子给他们做婚房。

婚后，梁悦融面临着极大的考验。怀孕时，她身体不适，营养不足，希望丈夫能在身边照顾，可陈伟文度完蜜月后就返回了海南岛，她的身边又没其他亲人。孩子出生后，没奶水吃，还未满月就不得不送回娘家请亲人抚养。等孩子稍大一些，她再把他接回广州安排上全托幼儿园，但有时要参加劳动或出差，周末时孩子在幼儿园又没人接。

这一切，梁悦融都用自己柔弱的肩膀扛起来。为了让陈伟文集中精力工作，她做出一个决定：申请调动到他工作的地方去。1972年7月，梁悦融告别广州，带着孩子来到海南岛榆林红沙地区。那里，被当地驻守官兵称为榆林的“夹皮沟”，条件之差可想而知。

妻子舍弃大城市，追随自己到穷困地区，陈伟文感动地赋诗一首：“礼梅挚友喜牵线，羊城百子结良缘。同赴天涯戍九域，愿献青春保国安。”红沙的生活比广州不知要苦多少倍，他们的新家极其简陋，住房是战士们上山砍树帮忙盖的，晴天时，阳光透射进家中；雨天时，滴滴答答的水直接渗淌到屋里。

每天的生活用水全靠肩挑手提运回家，每顿吃的蔬菜得靠自己种，烧水做饭须自己上山去砍柴。这里，更没有托儿所，梁悦融工作的地点又远离驻地，每周6天工作日她得天天用自行车载着两个小孩往返山间小路……

巡航感怀：心中只有祖国

陈伟文的工作岗位在舰艇上，经常要出海执行任务，在家的时候比较少，实际上也帮不了梁悦融多少忙。出海执行任务往往一去就是三四个月，每当陈伟文完成任务回到家，因其面目又黑又瘦，胡子拉碴，一进门就会吓得孩子们躲在门后不敢出来。此时，梁悦融就会说一句：“你是大海的人，难得回来看看我们。”接着用十分温柔的声音呼唤：“孩子们，出来吧，这是你们想念的爸爸回家了！”

1974年1月，西沙海战爆发。为捍卫国家主权和领土完整，时任护卫艇大队副参谋长的陈伟文紧急受命，要将乘坐8艘护卫艇的陆军的一个营安全导航去收复被占领的西沙海区珊瑚、甘泉和金银三岛。8艘艇从没有去过这三岛，航道上情况很复杂，能否及时把一个营的兵力送达目的地，成了能否收复这三岛的关键。

陈伟文带学员实习

陈伟文对西沙海区的陆标、灯标、浮标、沉船、礁石、浅滩、渔栅等十分熟悉，被战友们誉为“活海图”。他与大队业务长张天诚密切配合，安全及时地把陆军送到了登陆点，为我军一举收复三岛作出了贡献，受到基地表扬。

西沙海战后不久，陈伟文被调往西沙群岛工作，团聚的家又分开了，夫妻俩又成了隔海相望的牛郎织女。由于梁悦融的理解、支持和担当，陈伟文得以心无旁骛地在西沙群岛工作。

1979年春节刚过，担任西沙水警区航保训练科科长的陈伟文，奉命前往中建岛守备队检查战备训练工作。

这个岛上除了有海军守备队外，还有陆军一个高炮营，海军一个挖泥船中队、一艘登陆艇9521号和广州海运局的一艘“红旗”086号运输船。当时，我国陆军对越自卫反击战已经结束，为加强戒备，水警区在中建岛成立了一个临时指挥所，任命陈伟文为指挥员兼临时党委书记，统管驻岛陆、海军部队和地方船只的战备工作。

4月10日早晨7时许，越南方面3艘武装船突然向中建岛驶来。情况紧急，陈伟文当机立断，马上把施工的运输船、挖泥船和登陆艇组成两个编队迎敌。越军见我军有所准备，转身逃跑，我军紧追不放，最后将越方3艘武装船及24名士兵全部俘获。为此，陈伟文荣立二等功，并获得提前晋级的奖励。

1980年，海军广州舰艇学院成立，科班出身又有实战经验的陈伟文，从西沙调往广州担任教官。梁悦融追随丈夫调回熟悉的广州。但仅过几年，风起云涌的南海又将陈伟文召唤到他曾经战斗和生活了近20载的海防前线。

年过半百重返舰队的陈伟文，此时已经成长为海军副军职指挥员了。

1988年春节后，为保卫永暑礁建立海洋观测站的施工安全，陈伟文率领502舰、503舰编队挺进南沙，在海天相连、茫茫无垠的南沙群岛海域警惕地游弋巡逻。

元宵节之夜，当祖国人民万家团聚共度良宵时，陈伟文为坚守在南薰礁高脚屋上的五勇士“用青春和生命保卫祖国南疆”的誓言和行动所振奋，为部队指战员置家庭特殊困难于不顾，舍小家为国防的精神所激励，为军人家属长年累月辛苦操劳、默默付出的高尚品格所感动，感慨万千之余，情不自禁地在船舱里写下了《南沙巡航感怀》：

亲爱的朋友，工作之余，当你牵着情侣的手，漫步在马路上、公园里感受着初恋的甜蜜的时候，你可曾想过：这幸福甜蜜的生活是怎样来的？

亲爱的同志，除夕之夜，当你合家团聚，欢声笑语，开怀畅饮享受着人间天伦之乐的时候，你可曾想过：这和平宁静的生活是谁创造的？

啊！是北国的哨兵、南疆的卫士，
是高脚屋上的勇士，猫耳洞中的英雄。
为国有宁日，他们曾同侵略者浴血奋战，
为民族尊严，他们将激战在南国的海疆上。
爱情、幸福、生命谁都懂得珍惜，
若祖国需要，他们愿无私地把一切奉献。

我爱勇士们钢铁的意志和崇高的品格，更爱英雄们心中只有祖国而唯独没有自己的坦荡胸怀。

南沙海战，成就陈将军传奇

崇高的情怀化为坚定的行动。1988 年 3 月 14 日，陈伟文指挥我海军编队狠狠打击了前来抢夺礁盘的越军。经短暂较量，我海军击沉越军 604 号、605 号两艘武装运输船，重创 505 号登陆舰，俘敌 9 人，成功捍卫了我国赤瓜礁等礁盘的主权。

战斗中，越军 505 号登陆舰向我指挥舰猛烈开火，当敌军炮弹破片散落在我舰甲板的那一刻，有人迅速将一顶钢盔戴到了陈伟文的头上。陈伟文事后回忆："当时，我正集中精神指挥战斗，对头上多了一顶钢盔全无感觉。战斗结束后，我才感到颈部很累，一摸，头上怎么戴着钢盔？"

当时，钢盔是按舰艇编制人数配发给甲板上人员的，每人一顶，没有多余的，非舰艇编制人员是不配发钢盔的。钢盔的作用是保护战斗员头部，避免受到弹片伤害，一顶钢盔戴在头上，战斗中飞向头部的炮弹破片和擦过头部的子弹往往会被有效阻挡，从而保护战斗员不受大的伤害。

陈伟文说，海战结束后，他问了舰上很多人，但没人承认给他戴了这顶钢盔，至今都不知道是谁。这位不留名的战友，在危险面前主动保护他人的安全，令陈将军由衷敬佩。

此战，我编队仅有 502 舰副枪炮长杨志亮手臂负伤。当陈伟文率军舰平安回到军港，把战士们完整地交回其亲人手中，看到父母、妻子们热泪盈眶、无比激动的场面时，他感到极大的欣慰。陈伟文回忆说："当看到亲人们两眼闪烁着泪花，满含感激之情地向我频频招手致敬时，我感到这是人民对我的最大信任和最高奖赏。此时此刻，我快乐极了！心里头甜滋滋的。"

1988 年 4 月 1 日，中央军委向各军区、各军兵种、各总部、国防科工委、军事科学院、国防大学发布军委主席邓小平签署的嘉奖令："三月十四日上午，越南海军三艘舰船派出人员非法登上我南沙赤瓜礁，并首先向我守礁人员开枪。我海军部队被迫进行有限的自卫还击。在这次战斗中，我海军参战部队坚决执行中央军委指示，坚持自卫的原则，反应快速，作战英勇，指挥得当，一举击沉越舰船一艘、重伤二艘，打击了越南当局侵略扩张的气焰，维护了祖国的尊严和领土主权，特予通令嘉奖。"

25 年后，率敢死队登上赤瓜礁与越军战斗的原 502 舰政委李楚群给陈伟文发了一条短信："是您的胆魄才智和雄心壮志保障了我们从南沙平安回来，是您为国拿回赤瓜礁，又给了我们新生命，真的感谢您，我一生刻骨铭心，永远忘不了陈参谋长！"

20 世纪 90 年代中后期，陈伟文与梁悦融先后退休。不过，时刻惦念着海军发展的陈伟文，在 80 岁时以一名老水兵的名义，给我国第一艘航空母舰——辽宁舰全体官兵写了一封饱含深情的信。他寄语新一代海军战友："铭记历史，莫忘国耻，刻苦练兵，强大海军。"

辽宁舰官兵读了信和学习了陈将军赠送的图书后，非常激动，也深受感动，坚定地表示："牢记党中央、中央军委和习主席的关怀厚爱，牢记老一辈军人的殷殷期盼，为早日全面形成航母战斗力而不懈奋斗，为实现中国梦、强军梦，建设世界一流海军献身使命，建功航母！"

陈伟文和梁悦融度过了金婚，他们平静地过着退休后的老年生活，继续书写着淳厚的爱情故事。就在陈将军 82 岁生日过后没几天，一个电话唤起了他已沉寂了近三分之一个世纪的荣光——陈伟文作为有突出贡献的个人代表，受邀出席人民海军成立 70 周年庆祝大会。

当雄壮的《人民海军向前进》军乐奏响，陈伟文将军迈着矫健步伐走向主席台，接受海军领导颁发的"突出贡献个人"证书和纪念章时，坐在台下的梁悦融掩饰不住内心激动，流下了幸福的泪水。

雕塑家潘鹤：发时代之声，铸民族之魂

口述：潘 奋 整理：刘婷婷 题图摄影：刘 彬

潘鹤：1925 年 11 月出生，广东南海人。中国当代著名雕塑家、书画家，国务院授予“国家级首批有突出贡献专家”称号，全国五一劳动奖章获得者。现为广州美术学院雕塑系终身教授，中国美术家协会常务理事，广东省美协名誉主席，全国美展评选评奖委员会副主任，全国城市雕塑艺术委员会副主任，广东省政协常委。被中国国家画院授予文艺界首批“院士”称号，被文化部、中国文联、中国美术家协会授予“首届中国美术奖终身成就奖”，被广东省委、省政府授予“广东省首届文艺终身成就奖”。

潘奋：潘鹤之子，1964 年出生。雕塑家，建筑设计师，广州美术学院城市学院教授，广州美术学院潘鹤艺术馆馆长，全国城市雕塑建设指导委员会艺术委员会委员，广州市地区规划及城市设计专业委员会委员。

我的父亲潘鹤一生致力于雕塑艺术，用他的作品表达对祖国和人民的热爱。他的家国情怀不是浮于表面的，而是以一个艺术家的视角，“发时代之声，铸民族之魂”。他用自己的巧手，记录着新中国的历史，铭刻了改革开放的精神。他有强烈的社会责任感，作品中饱含着真挚的情感和温度。

父亲对我的影响很大，不管是在艺术上，还是在人格上。我希望自己在艺术创作这条道路上可以继承他的精神，用我的雕塑去表现新时代的真善美。

——潘奋

手牵艺术，心系祖国

我的父亲潘鹤 1925 年出生于一个革命之家，这大概从基因上就决定了他的家国情怀是纯粹而真挚的。我爷爷潘铁毕业于广东法官学校高等研究部，成为当时赫赫有名的律师，后来又办报社、通讯社。他很有骨气，拒绝为日本人干活，并与反动军阀抗争。我奶奶杨秀瑛所住的杨家祠堂，是中国共产党早期活动的重要据点，陈独秀、周恩来、林伯渠、胡志明等革命人物经常出入此地。党的许多重要会议也是在这杨家祠堂里召开的。奶奶的大哥杨章甫是中国共产党广东地区组织的创始人之一，侄子杨匏安是建党初期著名的党员，烈士杨殷也是杨家的亲戚。这种特殊的出身背景，使我父亲的艺术生涯里带有一种天然的爱国情结。

从童年时在废品回收点淘到的几本欧洲绘画艺术史图书开始，父亲迷上了绘画。少年时期，他随家人前往香港探亲，对远房表妹阿咩一见钟情。1937 年抗日战争全面爆发前夕，他到香港大屿山东涌华英中学就读，与阿咩度过了一段快乐的时光。1939 年，父亲回到广东后，“异地恋”让他煎熬万分，便用雕刻阿咩头像的方式来缓解相思之情，没想到就这样踏上了雕塑艺术之路。之后，父亲不断给周围的亲朋好友塑像。他确实是很有天赋，小小年纪就在粤港澳地区有了名气。战争期间，阿咩一家逃难去澳门，父亲得知后，便托了各种关系，费尽周折坐船偷渡到澳门与女友见面。1943 年前后，他在

1949 年留影（前排右一为潘鹤）

澳门待了一年多，画了大量优美的风景写生，正是在此期间他结识了杨善深、高剑父等艺术家。

战争结束后，父亲到香港去向阿咩求婚。阿咩家里是银行家背景，在香港算是有名望的富豪之家，阿咩的家人虽不反对两人相爱，但要求我父亲婚后必须入赘并学做生意："艺术你可以玩，但不能作为主业，我们教你做生意，因为你靠艺术养不起我女儿。"性格耿直的父亲听了，当下就翻脸了，双方不欢而散。等他考虑良久再次到香港找阿咩时，却发现已经人去楼空（失散 50 多年后，父亲才知道当年阿咩一家搬去了加拿大）。父亲苦寻无果，痛苦万分，备受打击的他在日记里写道："你们有钱人不要以为自己很厉害，我还是看不起你，你有钱只代表你个人的财富，但你并没有回馈社会，我们艺术家就是引领社会精神的走向……""努力一程吧，我们终有一日不会被人看轻的！我们要忍声吞气地奋斗！"从此他化悲愤为动力，萌发了为社会奉献的热情，不断地在雕塑艺术的良田里努力深耕。

1945 年至 1949 年，父亲常常来往于香港与广州之间。当时香港的一个好朋友约他一起去美国留学，他便报了名参加波士顿美术馆艺术学院的考试。就在此时，父亲接触到一些进步组织，并加入了"人间画会"，很多知名艺术家如黄永玉、黄新波都是这个画会的成员。1949 年新中国成立，广州解放，在命运的十字路口，25 岁的父亲深感自己肩负的责任，毅然放弃了前往美国波士顿深造的机会，选择回到广州。他乘坐第一班从香港至广州的火车回内地，回来后第一件事就是报名参军，谁知道一等好几年都没消息，原来是因为成分问题，父亲未能实现参军的愿望。

1950 年，父亲就读于广州华南人民文艺学院，担任学生代表，后来他被派往土地改革试点工作队工作。父亲的一生经历过各种坎坷，但从来没有放弃过创作，他绝对是一个为雕塑而生、为艺术而生的人。土地改革期间，他辗转于中山县（现中山市）的各个村落，本来生活枯燥乏味，纪律严格，但他在那时"发明"了一种可以藏在香烟盒子里的水彩画。路过一处怡人的风景，只要有点时间，他就偷偷地画一张水彩速写，放进香烟盒子，藏在口袋里。而这些风景画，在历经多年的社会变迁后，就成为当时地理风貌的最好见证。正是在那个时候，他结识了我的母亲张幼兰。母亲 10 岁左右在逃难的路上患了中耳炎，无法医治，所以听不见声音。她终生都在靠艺术说话，后来也成了一名画家。他们在土改运动中被分配到同一个幻灯片小组，两人慢慢地建立了感情，并在1956年参加了集体婚礼。

潘鹤与妻子张幼兰（摄于1956年）

“土改”运动结束后，父亲被借调到华南文学艺术界联合会编辑出版部任代组长，在此期间他发动学院同学绘制抗美援朝宣传画。后来筹办广东省土改展览会，他塑造了大型的毛主席胸像。1955年，他的雕塑作品《当我长大的时候》代表中国在瑞士举行的国际母亲节大会上展出，并送波兰参加第五届世界青年联欢节。从那时候开始，父亲创作了大量饱含革命精神和爱国热情的作品，包括他的代表作《艰苦岁月》《省港大罢工》等。

那段时间，父亲曾被提名送到苏联留学，这对他来说是一个深造的好机会。但是作为长子，父亲除了要赡养几位老人，还要照顾家里5个兄弟姐妹，家庭责任成为他最大的牵绊。考虑再三，最终父亲把这个留学名额让给了别人。可以说，面对数次摆在面前的机会，父亲为了国、为了家而选择留下，这表现出他对家国的一颗赤诚之心。“云海浮沉二十秋，投奔革命甘为牛，国穷岂能消壮志，易俗移风方罢休。”这是父亲在1960年的感慨。

父子情深，言传身教

在我20岁之前，其实很少与父亲有深入的交流。父亲总给家中的孩子一

潘鹤的代表作之一《艰苦岁月》

《当我长大的时候》放置在广州潘鹤雕塑园

种威严而不可亲近的印象。由于他执着于工作，整天埋头做他的雕塑，我们兄弟三人基本从小都是“放养”，所以形成了各自迥然不同的个性。

我们的家庭经历过一段艰难坎坷的岁月。“文革”时，父亲被揪出来批斗，鞭打，剃光头，关“牛棚”，承受了巨大的精神和肉体上的折磨。本来我们一家住在美院，我们亲眼看着他被批斗，后来，他不想被我们看到自己这个样子，就安排我们回到佛山老家去住。他说：“我虽然被批斗，但不希望你们记仇。”刚开始，他还能隔段时间来看我们一次，后来他坐了牢，又被下放到广东三水参加干校劳动改造，负责管牛群。直到“文革”结束后，他才回到广州美院任教，并当选为广东省美协副主席。

1968 年，4 岁的我跟随母亲去英德的红旗农场进行劳动改造。我对这段生活印象很深刻，每天游山玩水，养牛、放羊、摸鱼，所以我长大后也特别喜欢乡村和大自然。后来因为要上学，我与母亲分别，比她先回到了广州。由于那个特殊的时期，我们全家人真正团聚已经是 20 世纪 80 年代我考大学的时候了。

我本来是很喜欢建筑设计的，无奈考不上，考虑到父亲是雕塑系的系主任，就说“不如考雕塑系吧”。不料，父亲向我展示了他“无情”的一面——他这个系主任让我一连考了 3 年都不过关。“你明年再考。”他这句话不容反驳。我复读了 3 年总算考上了，他从来不说“我要培养你”，或给我指明方向。因为我和他的父子关系，毕业时大家都很自然地觉得我会留校，做父亲的助手。我心想：“帮父亲也是我的本分，留校也不错。而且他一直不置可否，看来应该没有问题。”等到办理毕业手续时，老师跟我说：“系里面准备让你留校了，你就让你父亲说一句，或写个纸条也可以，算是尊重你父亲的意见。”可是，当我去找父亲，他居然说：“你的事关我什么事？这个纸条我是不能写的，你自己去找工作。”我一下子就蒙了：“我还要找工作？”当时觉得又可气又可笑。此类事件伴随着我们的父子关系 40 多年，我后来才慢慢明白一些道理，也渐渐理解了父亲，这是他坚持原则性的一种体现，也是他对我言传身教的一种方式。1987 年，我通过自己的努力找到了一份心仪的工作，在一家设计院如愿成为建筑师。后来我经过一番摸爬滚打，结合建筑与雕塑，慢慢形成了自己的气候。他曾经对别人说：“如果我的儿子为了钱做雕塑，

2010 年，潘奋和父亲合作完成《六祖慧能》雕塑

我会扇他的耳光。”这句话绝不是开玩笑，他就是这样的行事风格。父亲其实是一个挺巧妙的人，他不会认认真真地教你，但在平时跟你说的话中，他已经把自己的价值观植入你的思想，让你明白做人做事都应有楚河汉界般的界限，越界就不行。

1989 年，我还在建筑设计院工作，父亲说：“你来帮我盖个房子。”施工地址就是现在的潘鹤雕塑园这一片地方，当时还是交通不便的郊区。房子盖好以后，父亲叫我帮他先看着，结果看了几年都没有动静，还是一个毛坯房，他也不告诉我应该怎么做，只说：“反正你看着就行了，我十几年后要用。”我心想：“十几年？我再这样看下去就浪费我的青春了呀！”于是我就开始动工，先是做成了工作室，后来又慢慢扩建了。虽然过程很坎坷，很辛苦，但今天回过头来看我很感激他，是他让我成长。父亲曾经说：“社会上给我许多荣誉，我就是大树，你可以来乘凉，但大树底下寸草不生，如果你想成为草、成为树，你就要远离我。”他是在让孩子走自己的路，所以我很早就开始学会了独立。直到 40 岁，我才算真正读懂了他。无论在艺术上，还是在思想上，我其实都受到他很深的影响。

大浪淘沙，时代精髓

在父亲的雕塑作品里，我最喜欢的是 1976 年他为中国人民革命军事博物馆创作的《大刀进行曲》，当然他还有很多著名的作品，比如为珠海市创作的《珠海渔女》，为深圳市创作的《孺子牛》铜像等，如今都成了当地的地标。但可能大家不知道，当年父亲在创作时曾引起过争议。

深圳特区设立之初，一直想寻找一座能代表深圳精神的雕塑。有人提出塑一只“大鹏”，寓意一飞冲天。父亲说：“深圳以后肯定到处都是高楼，把‘大鹏’放在山上还可以，放在高楼大厦中间，就像是被关进了‘鸟笼’，怎么展翅？”又有人提出做成“莲花”，或是“狮子”，父亲说：“深圳特区要吸引外商来投资，这个城市是对外的窗口，莲花出淤泥而不染，你如果是莲花，那难道别人是‘淤泥’吗？将外界称为‘淤泥’，不利于以后跟国外合作。”“狮子雕塑就像是过去的衙门摆架子，是封建和倒退，作为文物没有问题，但是再建更为不妥。”他的见地和智慧让人无可辩驳。当时，父亲看到建设中的特区到处都是忙碌的工地，人们像牛一样埋头苦干，于是萌生了雕塑“开荒牛”的想法，最后得到深圳市领导的支持。1983 年，这件铜像作品落成，后经研讨改名为《孺子牛》。

1986 年，父亲的雕塑作品《和平少女》被作为国家礼物赠送给日本长崎市。创作期间他不幸遭遇了车祸，手骨折断，但仍然带伤工作，长崎市政府还颁给他“荣誉市民”称号。对待艺术创作，父亲一直坚韧不拔。2006 年他身体不适，住院疗养期间还是不忘雕塑，用身边的医护人员或探病的亲友做模特，以速塑的方式在病床上创作了几十座小雕塑，他还自己笑称这是“床上功夫”。看起来，他像一个老顽童，但其实他的原则性特别强，很多企业家和名人花重金请他做雕塑，他一概拒绝了。

父亲确实是一个很纯粹的艺术家，他之所以有今天的成就，也是因为他从不受功利的羁绊。他这辈子共经历了 16 场战事、38 场政治运动，他坐过牢，差点被枪毙，因患吉兰-巴雷综合征而病危，又因患腹膜炎再次病危，先后在

潘鹤为深圳市创作的铜像《孺子牛》也成为他的代表作之一

《和平少女》作为国家礼物送给日本长崎市

雕塑《大刀进行曲》被印在了中国人民抗日战争暨世界反法西斯战争胜利七十周年纪念邮票上，也被制作成纪念章等

2002年，潘鹤和孙女潘曦下乡写生

潘鹤和孩子们相聚在充满了艺术氛围的家里

腹部开刀8次，外出工作时还出车祸断了手骨……但他从来没有放弃过对艺术的追求，没有停下过手中的刻刀。20世纪90年代，有一位美国艺术评论家在中国考察后说："潘鹤是最'狡猾'的，因为艺术必须是从心而发，表达人性，这是艺术的本源。而在某些特殊的时代，艺术只是跟随当时的时代气候而生存，等时代变了，这些作品都归到烟尘之中，但偏偏潘鹤巧妙地用时代气候给他的任务，在暗中表现着人性。在大浪淘沙之后，潘鹤的作品依然历久常新，能够打动人，这种艺术就是不朽的。"

晚年的张幼兰，背景中的老人为潘鹤，2019年摄于潘鹤家中（刘彬摄）

父亲今年已经94岁了，他的记忆正在慢慢流失，一生中大部分的辉煌他都忘记了，仿佛历尽沧海桑田后，他的眼里只留下了天真。我最近在替他整理作品和资料。他做的雕塑，他写的文章，他讲的课，都非常注重灵魂的塑造和思想的进步，充满了大时代的精神，也是中华人民共和国成立70年来的一个有力见证。也许是时代给了他特殊的艺术使命，让他在时代洪流中用极致的艺术传递出澎湃的民族思想。

救火英雄向秀丽：英勇牺牲为国家

文：陈泽云

向秀丽（1933—1959）：原籍广东清远，中国共产党员。1956 年进入广州何济公制药厂工作。1958 年 12 月 13 日，制药厂发生重大火灾，她不顾自身安危扑向烈火，用身体挡住烈火，有效争取了救火时间，制止了一场后果严重的火灾爆炸事故，保护了国家财产和人民生命安全。因伤势过重，她于 1959 年 1 月 15 日因抢救无效光荣牺牲，年仅 25 岁。

《人民日报》《中国青年报》纷纷报道向秀丽事迹，老一辈革命家林伯渠、董必武、陈毅、郭沫若、陶铸等均满含深情地为其题词题诗，雷锋曾在日记中提到自己深受向秀丽的影响。张海迪也曾说过，向秀丽是她童年时代心中的英雄和榜样。1959 年，向秀丽被广州市人民政府追认为革命烈士。2009 年入选“100 位新中国成立以来感动中国人物”。

“别管我，快去叫人救火！”

——女工蔡秋梅看着几乎变成火人的向秀丽，急忙冲到她身边，要为她扑灭身上的火。向秀丽却一把推开她，大声说了这句话。

在广州银河烈士陵园，长眠着这位 25 岁的女英雄——向秀丽。

向秀丽年轻的生命停留在了最美的年华，但她舍己为公、敬业奉献的精神却并未过时，反而历久弥新。记者走访了向秀丽生前工作的企业、纪念馆、曾以其命名的建筑道路……寻访烈士足迹，追念英雄风采。60 年为一甲子，向秀丽精神如春雨正无声滋养着广大市民的心田，带来春华秋实。

追思：墓园里长眠的女英雄书写绚烂青春

寻找向秀丽第一站，是安葬着这位女共产党员的广州市银河烈士陵园。

在银河烈士陵园的烈士纪念馆，参观者会看到这样一幅油画：火海深处，向秀丽拼尽力气向烈火扑去，用身体堵住了来势凶猛的火流。画中表现的情景距今已经过去 60 年，但人们从来不曾忘记向秀丽，清明节前后成千上万的市民都来到这里悼念这位救火英雄。

2019 年 4 月 1 日，纪念向秀丽烈士牺牲 60 周年系列活动正式拉开序幕。松柏苍翠，气氛肃穆。广药集团领导为向秀丽烈士塑像敬献了花篮，为向秀丽烈士家属敬献了鲜花，全体参加人员向烈士默哀并三鞠躬。

向秀丽墓碑前摆满了傲然开放的鲜花，花儿似乎从未凋谢过，一如她灿烂的生命和火热的青春。站在她的塑像面前，凝望着她青春的脸庞和坚毅的笑容，想起向秀丽可歌可泣的事迹，人们很难不为之动容。

1933 年 5 月 13 日，向秀丽诞生于广州市一个贫苦家庭，她的童年，是在祖国烽烟遍地的日子里度过的。新中国成立后，向秀丽进入广州市何济公制药厂工作。工作辛苦劳累，但向秀丽从未埋怨过一句。向秀丽的入党介绍人吕燕珍曾这样评价说：“向秀丽是个做事踏实的人，凡事听从组织安排，工

向秀丽的英雄事迹作为《复兴之路》的展览内容，在国家博物馆展出

作任劳任怨，从不讲价钱，不多出声，为人实在正直。”

1958 年 12 月 13 日晚，向秀丽和另外两个年轻女工罗秀明、蔡秋梅在制药厂化工车间如常上班。因酒精瓶破裂，酒精流出后起火，火势不断加大，危及烈性易爆物金属钠。

为了捍卫人民生命财产安全，向秀丽挺身而出，侧身卧地，用身躯挡住燃烧着的酒精，避免了一场大爆炸。危急之时，她对旁边的工友说：“别管我，快去叫人救火！”当车间领导和工友赶到现场扑灭大火时，向秀丽左手几乎烧焦，全身烧伤面积达 60% 以上。

昏迷了三天三夜的向秀丽，醒后问的第一句话便是：“金属钠有没有爆炸？工厂有没有损失？罗秀明有没有受伤？”她心里装的是国家财产和同事安危，对钻心蚀骨的疼痛只字不提。经过 33 天的抢救，向秀丽终因伤势过重，于 1959 年 1 月 15 日去世。

英雄连环画《向秀丽》

追忆：她活在我们每一个人心中

中国人的榜样是雷锋，而雷锋的榜样在广药。同是“平凡英雄”的雷锋，在 1962 年 2 月 8 日的日记中，以饱蘸深情的笔触颂扬了向秀丽的集体意识和敢于担当精神，讴歌了向秀丽作为一名普通共产党员的忠诚忘我与果敢勇毅，并表示“决心永远学习向秀丽同志坚定的阶级立场，敢于斗争的精神；学习她耐心帮助同志、处处为集体谋利益的精神……”

“向秀丽，顶呱呱，熊熊烈火也不怕，英勇牺牲为国家。”这是一首 20 世纪六七十年代流传在广州街头小巷的童谣。

寻找向秀丽第二站，我们聆听了来自向秀丽烈士家属、党员群众代表、党史专家的心声。一甲子后回望，“向秀丽”这个名字早已通过教科书、歌曲及回忆录，影响了几代人的成长。

2017年“930烈士纪念日”，广药集团有关领导前往向秀丽烈士亲属家中慰问

向秀丽的儿子崔定邦回忆，母亲牺牲的时候，他才2岁不到，直到上小学一年级，他才从课文《向秀丽姐姐》中了解到母亲的事迹。母亲的精神影响了他的一生。崔定邦说，母亲伟大的人格力量已经超越了母爱的意义，“在我60余年的人生中，每当遇上不如意的事情，我就会想起妈妈奋不顾身的形象，就会产生克服困难的信心与力量，她伟大的人格力量已经超出了母爱的意义，成为我强大的精神支柱”。

南方党建智库秘书长林若川认为，有的人可能会狭隘地将“向秀丽精神”等同于“救火牺牲”，这样的理解是片面的。实际上向秀丽的一生都是她个人努力地奋斗成长，尤其是她爱国爱厂、敬业奉献，把国家和人民利益放在第一位的品质，无论任何时期都应发扬光大。

共青团广州市委副书记高洪祥则巧用当归、知母、甘草三味药材之名生动诠释了“向秀丽精神”的时代内涵：不忘初心，牢记使命，甘之如饴，不忘奋斗。他表示，虽然向秀丽烈士已逝去，但她的精神依然具有榜样的力量。

广州市总工会常务副主席李德球表示，向秀丽是工人中的先进分子，是工会干部的优秀代表，她爱岗敬业，舍己为群，无私奉献，为了工厂的利益不畏牺牲的壮举，诠释了一名普通工人、一名基层工会干部，对于本职工作的热爱以及对岗位职责的担当，为我们做出了表率，树立了榜样。他号召大家团结动员广大职工积极建功新时代，在服务广州高质量发展中发扬劳模精神、劳动精神、工匠精神，推动各项工作上新水平。

追求：将“向秀丽精神”融入企业文化

尊重英雄，捍卫英雄，并非只是英雄后人的职守，更是我们的共同使命和责任。

当你漫步在“广州最美骑楼老街”的恩宁路、第十甫路、下九路、上九路等街道时，不知还能否想起 20 世纪 60 年代，政府曾将这些路段改名为“秀丽路”，1982 年 8 月下九路何济公制药厂的楼宇也被命名为“秀丽楼”。

如今，“秀丽路”已经恢复原名，何济公制药厂也早已从“秀丽楼”搬迁。时代在变，纪念向秀丽的形式也一直在变，但不变的是何济公员工对“向秀丽精神”的追求与坚守。

探寻“向秀丽精神”，最后一站就必须要回到“向秀丽精神”的起源地——广药白云山何济公制药厂。向秀丽虽然离去了，但她的形象并未随之消亡，她的精神已渗入何济公制药厂全体人员心中。

以“半为慈善半营生，利己利人驰盛誉”为创始理念的何济公制药厂，早在抗战前夕便诞生了。作为国家商务部第一批认定的“中华老字号”企业，何济公制药厂在历史沧桑中坚定不移，本着济公心态，其拳头产品阿咖酚散、跌打镇痛膏、风油精多年屹立不倒，而浴火而生的“向秀丽精神”更为其发展添上浓墨重彩的一笔。

何济公制药厂的员工对向秀丽这位英雄有着更真切的感受。1960 年，何济公向秀丽青年突击队创建，擎起“向秀丽精神”的大旗，坚持奋战在公益最前线。2018 年，29 岁的年轻员工钟锡望从第 18 任队长手中接力接下了“向秀丽·雷锋志愿服务队”队旗，突击队由药品生产一线职工组成，员工们利用工作闲暇时间，组织开展公益赠药、慰问老人等志愿服务。“大家的热情都

广药集团董事长李楚源为“向秀丽·雷锋志愿服务队”授旗

很高涨，我们在帮助别人的过程中收获了快乐与满足。”

在钟锡望他们心里，向秀丽同志和很多年轻的革命烈士一样，不是天生的英雄，是她那份植根于内心对工作、对人民生命财产安全高度负责的使命感，促使她在危急关头抛开了个人安危。“新时代，我们作为年轻员工，应该学习她那种为美好生活奋斗，舍己爱群，爱岗敬业的精神，并在日常的工作中充分发挥应用。”

向秀丽成为何济公制药厂的新名片，她所代表的“向秀丽精神”也作为何济公制药厂新时代精神的一部分，指引着何济公制药厂的员工踏踏实实生产好药，将“济世为公”的理念贯穿到生产的每一个环节。延续这种精神，何济公坚持生产一批批平价高效药品，陪伴一代又一代的市民成长。头疼、牙疼时来一包何济公“止痛退热散”（阿咖酚散），是很多羊城市民从小到大的用药记忆。一包今日仍售价一毛钱的散剂药，现年销售 30 亿包，做到了全国销量第一，足见其普及程度。

除了阿咖酚散，何济公的“701”跌打镇痛膏，载入最新的 2010 年版《中国药典》，其专利生产工艺被评为“2003年广州十大发明专利”之一，列贴膏类出口全国第一；白云山牌复方醋酸地塞米松乳膏及曲咪新乳膏等全国销量领先……令人欣慰的是，这家向秀丽生前工作的药企，沐浴在“向秀丽精神”下，正昂首迈向创新发展的新时代。

广州第一家族许氏：百年家国梦，世代赤子心

文：李慧云　来 勇

曾聚居于广州市老城区越秀区高第街“许地”的许氏家族，自晚清以来，先后出过 20 名举人、3 名进士和 1 名翰林。中国近代革命时期，许家更是人才辈出：政治家许崇灏，孙中山的忠实追随者、粤军总司令许崇智，先后三次担任中山大学校长的著名教育家许崇清，参加百色起义、英年早逝的红军名将许卓，鲁迅先生的革命伴侣许广平等。

他们在祖国命运转换中承担过重要角色，因此，许家被人们称为“广州第一家族”，叶选平同志为许家亲笔题词“千秋家国梦　世代赤子心”。

许氏后人许必传意识到传承许氏家族文化的重要性，便放弃国企工程师的公职，在妻子和儿子的帮助下专心负责搜集整理许氏家族文献资料，修复许家珍贵的历史资料，从而记录下一个家族融于血脉的家国情怀。

一个家族的家风形成，时间上一定是漫长的。很多事情需要得到社会甚至历史的检验。我觉得家风对一个家族来说，就像一个人的灵魂，特别重要。家风是花多少钱都买不来的，只能通过代代积累，血脉相传。这也是近年来我全身心投入到整理、保护和继承许家家风事业的主要原因。说小了，这是为了许家；说大一点，也是为了我们中华民族。因为正是有千千万万个家庭的优良家风在传承，我们中华民族才能走到今天。

——许必传

根深叶茂，岁月见证家风成形

从商业气息浓厚的广州北京路步行街转入高第街，36 号门牌旁的指示牌写着“许地”二字。这里是“广州第一家族”许氏家族的故园。只见小巷狭窄，脚下青石板高低不平，身旁砖头裸露，墙头的青草与苔藓长得恣肆，唯独那些有着近 200 年历史的木门上的镂空雕花还透露出昔日的威严和繁华气息。

许氏宗谱显示，许家祖上许永名从汕头澄海沟南乡到广州经营小生意，娶妻黄氏。后来，许永名生意遭受挫折，贫困潦倒身故。黄太夫人含辛茹苦将三个孩子养育长大。

大儿子许拜庭 13 岁那年，到一家盐号里当学徒。后来，他凭着精明和忠诚，慢慢成为广州四大盐商之一。黄太夫人和许拜庭都很有眼光，发家之后，他们在高第街买地置家的同时，不惜重金聘请名师，严苛治理家学，树立许家正直、读书、勤劳、仁义的家风。

据资料统计，当初的“许地”总面积达 9700 多平方米，包括家庙、戏台、藏书室，还有花园、假山等，住有 22 房子孙。

道光十二年（1832 年），许拜庭长子许祥光不负父望，成为许氏家族的第一个进士，戴上了红顶官帽。与父亲一样，许祥光同样有勇有谋。道光二十九年（1849 年），英军欲借坚船利炮强行入城，许祥光带头捐献白银 6 万两作为军饷，并组织城内外居民日夜守城，成功抵抗英军入城。

在清末官场，许氏家族的许应鑅、许应锵、许应骙均名声显赫。尤其是许应骙，官至一品，曾任礼部尚书、闽浙总督。许应鑅则以“清官”为理想，曾任江苏按察使、浙江巡抚等职。许应鑅任江苏按察使后，不到半年时间就为民平反冤案百余件，被当地百姓称为“许青天”。

许氏家族以许应骙时期最为辉煌，但清末分产分家后，部分分支开始衰落。

曾几何时，“许地”代表的是一大家族的兴盛。曾在诗中感慨“我劝天公重抖擞，不拘一格降人才”的清代名人龚自珍，特别佩服许拜庭，多次拜访“许地”，两人交情甚厚，常在一起喝酒。因高第街在清代属番禺县管辖，故龚自珍几次在著述中提到许拜庭，称其为“番禺许君”。

近 200 年过去，许氏家族已到了第 12 代，可留在“许地”的许氏后人并不多了，大多已迁往京、沪、江浙、香港及海外定居。许氏后人许必传说：“一个家族家风的形成，时间上一定是漫长的，很多事情需要得到社会甚至历史的检验。我觉得家风对一个家族来说，就像一个人的灵魂，特别重要，家风是花多少钱都买不来的，只能通过代代积累，血脉相传。这也是近年来我全身心投入到整理、保护和继承许家家风事业的主要原因。”

退休前，许必传是一家国企的工程师。1989 年，广州市地方志办公室找到当时许家年岁最大，且熟知家族历史的许必传父亲许绍初，说因为许家很多人物在中国近现代史中都有着重大的影响，地方志缺了许家就不全面，要求许家协助他们编撰一本专门介绍“许地”的小册子。

由于历史的原因，家族绝大部分书籍、文档、家谱等都消失殆尽，根本没法整理。父亲年老体弱，许必传就代表他写信向旅居海内外的许氏宗亲求援，征集、借阅各种史料，然后请家族内 70 岁以上的老人以讲故事的形式回忆家族史。“十几位老人吃住在酒店，静心回忆。一次一次地讲，无数次地核对校正。当时电脑还是个稀罕物，全部靠手工记录和整理，在爱人刘惠琼甚至当时刚读小学五年级的儿子许捷的支持和帮助下，前后经历 300 多个日日夜夜的努力，终致一本近 5 万字的《广州高第街许氏家族》小册子付梓。”

“小册子成书后，得到政府有关部门和族人的肯定，父亲也去世了。从此我接替了老父亲的班，逐步成为许氏家族事务的专职人员之一。”今年已经 68 岁的许必传儒雅依旧。

许必传夫妇就住在许应鏁的故居里。"'许地'原来占地近万平方米，现在残存的还不到原来的十分之一，大部分地方都被政府代管或者拆了建房子。我和许广平都是许应鏁的直系后人，所以这里也是我家的祖居。原有一连五进的房子，抗战时被炸毁了，现在只剩下一进。别看它破旧，材料都是比黄金还贵重的金丝楠木呢！近 200 年了，都是文物啊！"如今的"许地"，仍保留着"许地"门楼、许氏宗祠、许广平故居等历史文化建筑。

读书传家，许氏族人名贤辈出

许必传表示，许家的家风是：文要刻苦读书，武要忠勇仁义。"从文的方面说，许拜庭的大儿子许祥光成为许氏家族第一位进士。后来，许祥光的十个儿子中，有七个接连中举，出现了'七子登科''十子七贤'的盛况。"

许氏家族第三代的许应鏁、许应骙兄弟俩考中进士后，加上许祥光，就有"一门三甲"之誉。

1922 年，许崇清（左一）、廖六薇（右一）与廖仲恺（右二）等人在日本合影

许氏家族重视教育，哪家穷念不起书，家族里的人一起帮，所以许家人多有文化，起码能把私塾读完，这比同时期很多家族要强。每年年底，许氏还会召开一个家族会议，由德高望重的人担任“总理”，点评家族中人谁做得好谁做得差。家族里还有类似现在基金的公共财政，工厂收益、田屋租金等都拿出来一部分，放在基金里留着做善事。

“现代许家的文人代表，应该是许崇清。”许崇清 8 岁丧父，家道中落，后在姑父的资助下，考取官费留学日本，就读于日本第七高等学校和日本帝国大学。后来他加入同盟会回国参加辛亥革命，1922 年应孙中山邀请回广州任市教育局长，后任广东省教育厅厅长。

许崇清是我国最早接触马克思主义的学者之一，还是第一位向国内介绍爱因斯坦狭义相对论的学者。他一生中曾三次出任中山大学校长，时间跨越新中国成立前后：1931 年，时任广东省教育厅厅长的他第一次兼任中山大学校长，4 年后因反对当时主政广东的陈济棠强制各级学校讲授旧思想浓厚的教科书被免职；1940 年，蒋介石打算将因抗战搬迁至云南澄江的中山大学迁到粤北，遂任命许崇清为中山大学代校长，待他主持将学校回迁后，正式任命他为校长。

“新中国成立后，1951 年，中山大学需要一位新校长，中央当时本来另有人选，但毛主席认为不合适，一直没有同意。后来，广东一些贤达提名许崇清为校长人选。有人担心许崇清在解放前当过两任中大校长，毛主席不一定会批准。没想到毛主席非常了解许崇清，当即表示同意，并马上在许崇清的委任状上签了名。许崇清 1951 年第三次出任中山大学校长，一直到 1969 年去世。”

许必传说，“文革”开始后，许崇清的孩子们都离家到干校去了，只留下许崇清和夫人廖六薇（廖仲恺的侄女）在家，他有些孤寂。“我的父亲就让当时才 15 岁的我去二叔公（即许崇清）家陪他们。结果，我一去就陪了他们一年多。”

许崇清家住中大东北区 8 号，那是地面两层地下一层的小洋楼。“文革”时，有一次“红卫兵”到许家“抄家”，十几个“革命小将”一涌而入，进入书房，没想到却在书橱里抄到了毛主席亲笔签名的许崇清中大校长委任状。

鲁迅长孙周令飞（右一）回到广州“许地”参加活动

“小将”们傻了眼，不知如何是好，只得撤出。许崇清却和蔼地说：“没关系，你们需要什么东西，尽管拿走。”

“1969 年 3 月 14 日，二叔公让我去给他买一张广州地图。我回来时，就听见廖六薇老人急促地说：‘你二叔公刚刚倒在地上昏迷不醒，赶快打电话叫救护车……’当时，家里的电话已被‘文革’小组拆除了，我只好到隔壁小洋楼里借电话呼叫救护车，可那时已经晚了。现在想来，二叔公应该死于心肌梗死。”许必传说道。

当时，许家只是搞了个简单的遗体告别仪式。“到 1980 年，政府给二叔公补办了一个追悼会，很隆重，时任广东省省长的习仲勋同志也参加了追悼会。”

许家另外一个文化名人，就是许广平。

1898 年，许广平出生在“许地”，她从小就很叛逆，8 岁时就反抗缠脚。1917 年，她在父亲病逝后和二哥投奔天津的姑母，当时穷困潦倒，连路费都

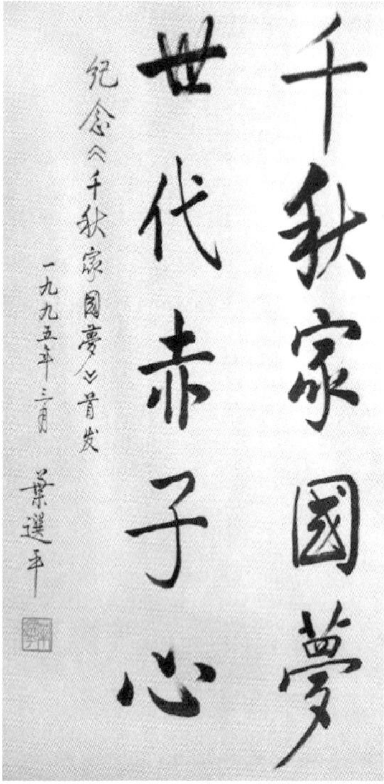

叶选平同志为许家亲笔题词“千秋家国梦 世代赤子心”

没有，卖了一幅古画才成行。在天津直隶第一女子师范学校读预科时，她参加了五四运动。许广平于1923年考入北京女子高等师范学校国文系，鲁迅成了她的老师。1927年1月，鲁迅到中山大学任教，许广平也跟随先生回到广州，两人感情进一步加深，然后走到了一起。新中国成立后，许广平历任政务院副秘书长、全国妇联副主席、民主促进会副主席等职务。

刚直不阿，忠勇仁义融入血脉

许必传介绍，近200年过去，广州许氏家族如今已繁衍到第12代。许氏后人除了少数仍留居“许地”，大多已迁往京、沪、江浙、香港及海外定居。但许氏家族传承了忠勇仁义的儒家思想，血脉中一直传承着刚正不阿的品格，坚守着心中的原则和道义。

许祥光便是典型，他忧国忧民，坚守“国家兴亡，匹夫有责”的信念，勇敢抗击英军入侵，展现了报国豪情。史载：当年林则徐被朝廷派到广东禁烟时，曾两次亲临高第街，拜访许氏家族，和拜庭公把酒对谈。当时，许拜庭的长子许祥光官授广西按察使在外做官，错过会晤，只是从父亲口中了解到林则徐的为人。他深感遗憾，对这位血性前辈心生向往，“似有神交，感为知己”。后来，许祥光追随林则徐毅然投身到抗英斗争中。

道光二十九年（1849年）三月间，英军借坚船利炮闯入珠江，欲强行进入广州城。当时许祥光正在家为母守孝，闻讯后他拍案而起，挺身而出。有人劝他：“你有重孝在身，不宜抛头露面。”许祥光说：“国难当头，保家卫国才是最大的孝，相信母亲在天有灵，定会赞成和保佑的！”

近现代史上，“许地”涌现了一大批忠勇仁义的爱国志士，如辛亥革命元老许崇灏、许崇智等人。

许崇智早年留学日本陆军士官学校，后加入同盟会，追随孙中山。

“孙中山先生对许崇智的德才青睐有加，当年黄埔军校建校时，孙中山考虑的第一个校长人选就是许崇智，并亲自找他谈了话，但低调的许崇智婉拒了。”

后来，孙中山任命许崇智为粤军总司令。许崇智打仗非常勇猛，与堂兄弟许崇灏、许崇济三人追随孙中山参加二次革命、护法运动等，在革命事业中立下显赫功劳，被称为孙中山麾下的“许氏三杰”。

1925年8月20日，廖仲恺遇刺后，蒋介石派人送亲笔信给许崇智，说：“粤军已有变动，请总司令去上海暂避一下，由我代为安排整顿。”许崇智无可奈何，只得悄然离粤赴沪。这一走，他的军事生涯从此画上了一个无奈的省略号。

不善处理官僚关系的许崇智非常明白自己的处境，没有枪也就没有了实权，军人失去了武器等同于雄鹰失去了翅膀，无法继续翱翔。许崇智未到中

从1914年开始，孙中山与许崇智等人讨论确定中华革命党的《革命方略》，筹备反袁计划，直至1915年7月，许崇智完成全国多省反袁军事部署和人事任用。图为1915年9月25日，孙中山与同志们在东京中华革命总部的合影，前排左起分别为邓铿、郑鹤年、许崇智、陈其美、孙中山、胡汉民、居正、廖仲恺、田桐

年便过早地退出了政治舞台，身边的人趁乱世纷纷上位，唯独他自己选择了在香港度过余生。

“还有一位许氏族人不能不说，他就是许卓。”许卓 1924 年在广州加入中国共产党，后赴法国勤工俭学，在法国结识了周恩来、邓小平等人，回国后参加了北伐战争。“邓小平等人领导广西百色起义时，许卓是红七军代政委，不幸于 1934 年牺牲。后来，中共中央在有关决议中认为：许卓同志是一位杰出的红军将领，为我党我军作出过突出贡献。新中国成立后许卓被追认为革命烈士，并专门为他立了碑。”

许必传说：“许家之所以在不到 200 年内出了那么多杰出人物，一定是有其原因的，值得深入研究。但在 20 世纪五六十年代的政治运动中，各种珍贵的历史照片、画册、家谱等都烧掉了。直到 1989 年，广州市修地方志时，我父亲他们都是避而不谈许家往事的。作为许家的后人，我有责任和义务做好这方面的工作。说小了，这是为了许家；说大一点，也是为了我们中华民族。因为正是有千千万万个家庭的优良家风在传承，我们中华民族才能走到今天。”

“国是千万家，家是最小国。”近年来，习近平总书记多次强调指出：广大家庭都要把爱家和爱国统一起来，把实现家庭梦融入民族梦之中，心往一处想，劲往一处使，用我们 4 亿多家庭、13 亿多人民的智慧和热情汇聚起实现“两个一百年”奋斗目标、实现中华民族伟大复兴中国梦的磅礴力量。

白衣天使黄星：
夫妻共谱六十七载军旅情

口述：黄 星 整理：刘婷婷

黄星：女，1933 年出生于广东汕头，1951 年参军，大半生致力于护理事业，荣获中国卫生部授予的“从事护理工作三十年”荣誉证书，退休后仍然坚持为社会发挥余热，回到医院做一名志愿者，连续 16 年被单位评为“优秀党员”。她的丈夫李太安，1924 年出生于山东潍坊，1940 年参加八路军，经历了抗日战争、解放战争，历任班长、排长、副连长、作训参谋、副参谋长、工兵主任、军务处长、正师职顾问。这对军人伉俪用一生的相濡以沫和不离不弃书写了一首别样的军旅之歌。更重要的是，他们五口之家是一个全家党员、全家军人的革命家庭，也是口碑相传的模范家庭。

今年我86岁，我的丈夫李太安95岁了，回忆漫长的几十年里，从参军、转业、退休，历经坎坷。几十年来党的培养，同志们的帮助，老伴的支持，使我坚持了自己的责任和信念，也在工作和生活中运用自己的知识和能力，回报社会。有人问我为什么退休后还要做义工，一是为人民服务，这是每个共产党员应尽的责任，我是一名共产党员，虽然退休了，但今天能为广大人民群众做一点有益的事是应该的；第二是报恩，几十年来党的培养和教育，使我掌握了护理专业技术和知识，那我在有生之年就应该回报社会。

——黄星

军人伉俪，相濡以沫共谱军旅情

我1933年出生于汕头南澳一个商人之家，父亲开布店，母亲是裁缝，家中7个兄弟姐妹，从小便不愁吃穿。我排行老二，父亲和哥哥常年不在家，我平时要帮着母亲照顾5个弟弟妹妹。记得我17岁那一年，汕头刚刚解放不久，举国上下兴起轰轰烈烈的“抗美援朝，保家卫国”运动，一时间广大青年奔走相告，踊跃报名。那时候我刚上初中，内心也涌起了一股参军的热血。我回家跟母亲提起自己想去参军，没想到她却强烈反对：“哪里有女孩子当兵的？你还是好好地待在家里吧！”但她的话没有打消我想参军的念头。碰巧我家邻居有一个朋友已经去当兵，回来向我们描述说部队里照样有书读，又有工作做，我听后更加心生向往了。于是，我决定瞒着母亲，离家出走去参军。

1951年1月6日，这个日子我永远都忘不了。凌晨5点多，天刚蒙蒙亮，我就悄悄地穿好衣服，从家里“逃”走了。没有敲锣打鼓，也没有家人相送，我就这样参了军。

几天后，母亲找上门来，想从部队把我带回家。我知道后，赶紧躲起来，我说我不回去，我一定要当兵。经过部队领导的一番劝说，母亲只好打道回府，但她离开时脸上满是泪水。我当时心里也很难受，这是我第一次违背母亲的意志而独立行事，就这样和她产生了隔阂，一年多以后才消除。

军人伉俪的峥嵘军旅岁月（左为李太安，右为黄星）

终于如愿以偿地成了军人，先新兵集训半个月，进行整治教育，思想整顿。在这次集训中，我知道了中国共产党全心全意为人民服务的宗旨。后来，我被分配到团卫生队，第一年当护理员，第二年提升为护士。除了各种治疗工作外，病房卫生、帮病人打饭、打水、洗衣服、洗被子样样都干。那时候条件差，住得很分散，晚上查房没有手电筒，提着一盏马灯穿过几条静悄悄的小巷，有时遇到病人有紧急情况，没有电话可以打，只能迈开两条腿跑步去向医生报告。为了节省开支，没有供应室，护士在完成各项工作后，还要卷棉签、洗注射器、磨针头、叠纱布等。部队制度严格，令行禁止，不得延误……尽管生活如此紧张，我还是觉得很快乐。正是在这期间，经过战友的介绍，我认识了在同一个团当参谋长的李太安。

李太安 1924 年出生在山东潍坊的一个贫农家庭。在他 16 岁时，同村的一名青年当了八路军，问他是否愿意加入。他说："好啊！一起打鬼子去！"便邀了 3 个人一起去参军，为民族的解放与日寇浴血奋战。在解放战争中，他历经辽沈战役和平津战役，亲历了著名的"塔山阻击战"、和平解放北平，

1949 年随人民解放军第四野战军南下作战；新中国成立后，身为 41 军工兵主任的他又参与并主持了广东境内多处国防工程……

黄星与李太安年轻时

1952 年，我们第一次见面，我对他的印象是“这个人挺老实的”，这在后来的共同生活中也得到了印证，我老伴是个很正派的人，我觉得自己很幸运，并且很幸福。1952 年 8 月 1 日，我们在部队举行了简单的婚礼。还是穿着那套军装，团里十几个人开了一个小型的座谈会，请团长在会上讲了话，桌面上摆了些糖果，这就算是结婚了。婚后我们住在老百姓的房子里，只有蚊帐和被子是新的，其他的生活用品还是旧的。当年嫁给李太安，我可是“有条件”的，结婚那天我对他说：“你得答应我，结婚后不要求我改行，我还是要当护士，要在医学上奉献一辈子。”他很支持我，果真从不要求我转业。

艰难岁月，一家人风雨同舟

1956 年，我们的大女儿李小宴出生了。1958 年、1960 年，我们又生下儿子李列勇、李列光，一家五口很和睦，家中常常充满了欢声笑语。然而不久后，我们家迎来了人生最艰难的一段岁月。

1960 年，李太安调离野战军，参与组建中国人民解放军体育学院。1966 年，

一家四口的合影，怀中孩子左为儿子李列勇，右为女儿李小宴

他被撤职审查，隔离批斗，不准任何人接触他，包括家属在内。接着我们被赶出了原来居住的房子，我带着 3 个孩子搬到一间只有 10 平方米的房子安身。房子里没有活动的空间，如厕、做饭、打水都得到公共场所去。小儿子李列光有一次跑到天台去玩耍，不小心摔成脑震荡而住院。我一边上班，一边照顾3个孩子，再加上丈夫正在被批斗，我每天都处于高度紧张的状态，缺少休息，终于扛不住病倒了。1968 年，我有一次被检查出胃出血，但我坚持不住院，咬紧牙关挺了过来。

我知道丈夫的胃不好，平时营养不够，便做了榨菜炒瘦肉，叫孩子们给他送去。虽然在当时特殊的政治环境中，很多家庭被迫“断绝关系”，但我教育孩子：“爸爸被关起来了，但是他没有错，你们见了他，要跟他打招呼。”

1969 年，李太安被送到湖南西湖学习班后再转到“五七干校”劳动，我被处理复员，带着3个孩子回到汕头，在汕头市第二人民医院当护士。刚开始时我非常不习惯，仍然留恋部队的生活，对部队充满了不舍之情。近20年的军人生活，我从一个什么都不懂的女孩子成为一名真正的军人，一名合格的白衣战士，更重要的是，我明白了为人民服务的宗旨。所以，无论是在军队还是在地方，我都秉持初心，以负责的态度去完成组织交给我的各项任务。

直到1979年，广州军区召开公开平反大会，李太安名列平反人员名单之中，儿子作为代表参加了大会，那天我们一家人的心情都无比激动。平反后，李太安被安排到湖南资兴武装部工作，再调到郴州军分区当参谋长，我也被分配到郴州卫校附属医院当护士长，我们一家终于团聚了。

在这13年中，虽艰难但我丝毫没有怨言。结婚67年来，我和丈夫一次架都没有吵过，也从来没有红过脸。看别人家里吵架，我说我还没体会过。动不动就吵架有什么意思？吵架很辛苦很累，何必找这个麻烦呢？夫妻俩走到一起就好好的，要互相体谅。我的老伴是一名军人，组织需要他到哪里，我们全家就随他到哪里，有时我放弃了学习机会，放弃了如意的单位，孩子们放弃了固定的学校等，我们从不计较得失。护士工作的特殊性使我没办法正常休息，只能抽空料理家务，好在老伴和孩子们都能理解我，支持我的工作，生活中从来没有因此而产生矛盾。

由于长期受部队教育影响，我们对每个孩子从小就要求非常严格，可以说是对他们实行军事化管理。后来，我的3个孩子都参了军，我们的部队情结在他们身上得到了延续。在孩子还小的时候，李太安就常常对他们说："以后长大了，都去当兵，到部队去锻炼锻炼。"对于他们三姐弟来说，当兵是一种荣誉。女儿李小宴和儿子李列勇先是在湖南当知青，一个在林场，一个在农场；小儿子李列光直接去当了海军。列勇后来去了广州军区工兵部队，参加了对越自卫反击战。1976年，20岁的女儿李小宴申请到新疆军区第十八医院三十里营房医疗站工作，那是中国人民解放军总后勤部的一面旗帜，担负着海拔4500米以上的高原边防官兵的医疗救护任务，被中央军委授予"喀喇昆仑模范医疗站"称号，电视剧《昆仑女神》讲的正是这个医疗站里一名女护士的故事。丈夫觉得新疆太远了，不舍得让女儿去，小宴对她父亲说："爸爸，你不要挡我的路，我一定要去那里当兵。"父亲拗不过女儿，小宴由此

黄星翻开了泛黄的旧相册，从老照片中回忆往事

走进了巍峨壮丽的喀喇昆仑山腹地，如愿成为一名军人。

退而不休，发挥余热甘当志愿者

1984 年 2 月，丈夫从郴州军分区以正师职顾问身份离休，选择迁居到佛山。我于当年 8 月来到佛山第一人民医院当护士，直到 1990 年退休。退休前我荣获了中国卫生部授予的“从事护理工作三十年”荣誉证书和“护龄卅年”纪念章，退休后连续 16 年被单位评为“优秀党员”，在干休所多次被评为“优秀老干部家属”和“好阿姨”。荣誉对我而言，是一种激励，一种鞭策，也是一种责任，一种担当。

1998 年，佛山市第一人民医院成立退管会并成立党支部，我被聘任为退管会的义务联络员，并担任小组长及支部书记，至今已 20 来年。2003 年，医院组建“退休护士义工小分队”，我积极响应参加。从义工队成立之初到现在，我都是年龄最大的义工。现在，每个星期一早上 7 点 30 分，我从佛山市禅城区城门头的家中出发，到公交车站候车，搭上开往佛山市第一人民医院的公交车，然后开始半天的志愿者工作，主要是为病人免费量血压、解答疑问等。

79 岁那年，我不小心摔了一跤，断了三根肋骨，从不反对我做任何事的老伴劝我退出义工队，但我依旧忍着断骨的痛楚和同事们站在义工第一线。很多人问我为什么那么坚持，很简单：第一是为人民服务，这是每个共产党员应尽的责任，我是一名共产党员，虽然退休了，但今天能为广大人民群众做一点有益的事是应该的；第二是报恩，几十年来党的培养和教育，使我掌握了护理专业技术和知识，那我在有生之年就应该回报社会。这也是我们一家五口作为军人的使命，是我们对祖国的热爱，对党和人民的感激之情。

正骨名医的祖传秘籍：病人是医者的良师

文：马伟强

林国杰：现年34岁，广州市正骨医院医生，正骨名医世家第四代传人。他继承家族医学医德，与祖父林仲文、父亲林汉华先后供职于广州正骨医院，祖孙几代的高超医术和济世情怀成就了一段佳话。时光荏苒，医术在向前发展，不变的是这个家庭传承的妙手仁心和善美家风。

祖父常对我说："做一个对社会有贡献的人，不一定要做医生，只要职业无愧于心，对社会有用。"这句话，我铭记于心，并将传承下去。做医生，我才刚刚起步，我将谨记父亲的教诲——"病人才是医生最好的老师"，戒骄戒躁，踏踏实实学本领，在工作中不断积累经验，努力做一名合格的医生，做一名对社会、对老百姓有用的人。

——林国杰

做医生要有怜悯之心

林氏家族的家学渊源可以追溯到林国杰的曾祖父林荫堂。林荫堂是广东有名的拳师和骨伤科医生，为人忠厚，武德纯良，乐于助人，在武林中享有崇高威信，与林耀桂、孔礼泉、赖成己、黄啸侠被合誉为"南方五虎将"。民国期间，林荫堂先后在广东宪兵教导队、广东宪兵司令部、黄埔军校、国民革命军警卫旅、国民革命军第一教导师师部等处任国技教官。1929 年到 1936 年间，他又先后在两广国术馆、中山大学、广州市立第一师范学校、市立第一小学等处任国技教员。抗日战争期间，他在广州组织了大刀队培训班，教授杀敌大刀术。后来，林荫堂在广州德政路创办国术健身学院，以健身武术为主，并注重武德教育，德行不好的人不予招收，为社会各界所赞扬。

与武德相得益彰的，是林荫堂的医德。在那个年代，拳师一般都会跌打正骨的手艺，林荫堂更是精于此道。他行医数十年，救治病人无数，还常常对贫苦病人赠医施药。新中国成立后，他年已古稀，仍不忘治病救人，参加了广州市医务工作者联合会，在芳草街卫生院任正骨医师。

林仲文是林荫堂的大儿子，继承其医术衣钵，开了家私人诊所，悬壶济世。1959 年，林仲文的诊所与广州越秀区其他几家私人诊所联合，组建北区正骨医院，这是广州正骨医院的前身。林仲文把自己研发的治疗骨关节炎的有效方剂——骨九方贡献出来，至今正骨医院仍在使用。林国杰出生前，祖父已经退休，但慕名上门求医的病人仍络绎不绝，祖父都尽心接诊。

林仲文老先生医术精湛，德高望重

林国杰记得在自己 7 岁那年，祖父在给一个病人接好骨后，嘱咐林国杰的母亲马淑仪在客厅支张床让病人住下。林国杰不解，就问祖父为什么留陌生人在家里住。祖父回答，病人需要长时间的护理、诊疗，而他家远在顺德，又住不起病房和旅馆，只能把他留在家里。“做医生要有怜悯之心。”祖父说。那天，林国杰见父亲林汉华下班后和祖父一起讨论病人的病情，父子俩又给病人做了一次治疗。祖父和父亲合力认真为病人诊治的场景，深深地烙印在林国杰的脑海里。这个病人在林家一住就是半个多月，与林家人同吃同住，直到康复才回家。

那时候，林家祖孙三代住在医院宿舍，那是一套 60 多平方米的房子。祖父把病人留下来住在家里的情况经常发生。林国杰后来才知道，对这些远道而来的病人，祖父一般是不收诊金的。

父亲林汉华退休前任正骨医院门诊部主任。从孩提时代起，小小的林国杰就经常跟着父亲穿行在医院里，他熟悉这里的一草一木，就像熟悉自己的家。正是在祖父和父亲的影响下，林国杰从小就确立了悬壶济世的理想，高考填写志愿时，一行行填写的都是医学院校。毕业后，他追随祖父、父亲的足迹，如愿进入了广州正骨医院。

病人才是最好的老师

林仲文并没有要求后代都当医生，却勉励他们一定要做个对社会有贡献的人。林仲文有 10 个子女，其中有 3 个做了医生，林国杰的父亲——排行第七的林汉华是其中之一。

在林国杰眼里，父亲林汉华是个不善言辞的人，他会提出自己的意见，但绝不干涉独生子的选择，也不做过多评价。唯有一次，在面临高考时，立志做医生的林国杰在志愿书上填的都是医学院校，他征询父亲的意见，父亲很赞成："如有一技之长在手，不管发生什么情况，肯定不会没饭吃。"这是一个不能称之为意见的意见，朴实的话语里是满满的支持和鼓励。

在林家，"病人才是医生最好的老师"是祖孙三代从医的宝典。林仲文常说，书本知识是基础，必须踏踏实实学好，但病人不会原原本本照书本生病，所以诊疗过程千变万化。对医生这个行当来说，经验非常重要，千万不能有浮躁之心，想一步登天是不可能的。

林国杰参加工作后，父亲对他的指导更多了。几年前的一天，林国杰接诊了一个手臂粉碎性骨折的小女孩。因为伤情严重，林国杰建议做手术进行复位。但小女孩的家长不同意，一是大家认为骨折并不是什么严重的事，没必要开刀；二是手术必然会留下疤痕。出于尊重病人家属的意愿，林国杰只能给小女孩进行保守治疗。他和几位年轻同事一起，帮小女孩进行复位，但连着做了两次，效果都不理想。小女孩哭得厉害，医生们也满头大汗。这时林汉华刚好走过来，林国杰马上把情况向父亲做了汇报："已经做了两次复位，手已经很肿了，不好再做。实在不行，只能让患者住院（做手术）。"林汉华看了一眼哭闹不止的小女孩和满脸焦急的家长，沉默片刻，然后说："用另外一个办法尝试一下，手法要柔和一点儿，牵引的时间要久一点儿。"说着，他捋起袖子，开始给儿子示范。说来奇怪，在林汉华做复位的半小时里，原

林仲文育有 10 个子女，其中 3 个从医（一排右四为林仲文，右五为林国杰，三排右五为林汉华）

先大哭大闹的小女孩竟没有再哭。做完后，片子出来，小女孩的骨头复位得很完美，后来复诊也没发现留下后遗症。这让林国杰敬佩不已，再一次认识到“病人才是医生最好的老师”这句话的深刻含义。他告诫自己，对一个刚入门的年轻医生来说，若想像父亲一样拥有高超的医术，就需要积累无数经验，更需要扎扎实实去实践。

精湛的医术和崇高的医德使林家拥有众多忠实“粉丝”。一天，林国杰接诊了一位 80 多岁的阿伯。翻开老旧发黄的病历，林国杰竟看到了祖父和父亲开的处方。原来阿伯年轻时因骨折找祖父林仲文治疗过。谈起已故的林仲文老先生，阿伯仍是一脸敬佩：“老人家有一把漂亮的大胡子，很和善，人很好。”后来，阿伯因为老年骨病，又找过林国杰的父亲林汉华。一家三代先后为同一个病人看病，这是缘分，也是患者对林家世代医德医术的认可。看到这份病历，林国杰如获至宝，想要过来留作纪念，阿伯却舍不得：“上

林国杰接过祖辈衣钵，救死扶伤

边有林家几代人开的方子，我要好好珍藏。”

和善行医家风和美

林国杰于2014年年底组建了自己的小家庭，妻子何思韵是与他同一期进入医院工作的同事，做会计工作。其实两家有很深的渊源，何思韵的母亲和林国杰的父亲林汉华从小就认识，何母对林仲文老先生更是印象深刻，她是看着林国杰长大的。林国杰笑说：“我是先认识岳母，再认识老婆的。”

何思韵对公公的印象和林国杰对父亲的印象截然不同：“他是个很幽默的人，对病人特别好，所以当时我们都喜欢找他看病。”原来，林汉华对病人很和善耐心，医院里的职工或亲戚朋友，谁要有个头疼脑热的都会找他讨剂方子，保准药到病除。何思韵小时候就经常找他看病，谁也没想到她后来竟成了林家的儿媳妇，这也算是一段佳话。

结婚后，小两口有了自己的小家，但无论多忙，林国杰每个星期都会抽出时间陪父母吃饭，也一定会陪妻子去看看岳母。他说：“父母都很不容易，我们做子女的应该多陪陪他们，不能懈怠。”

何思韵还记得自己第一次到林国杰家吃饭的情景。林妈妈很热情，招呼何思韵坐下后就在厨房忙开了。那边，林爸爸已经和儿子聊上了，什么病情、用什么手法、如何把握力度……直到上了饭桌，父子俩也没有停下来的意思。父子之间交流时更像是朋友，虽然儿子更多时间是在请教和聆听，做父亲的却没有盛气凌人之势，而是耐心为儿子解惑。林妈妈安静地吃着，时而微笑着看一眼正在讨论的父子俩，时而小声地招待何思韵。何思韵一下子被这个家庭的氛围感染了，她觉得自己没有选错人，她想像林妈妈一样，做一个安静的听众，默默地支持自己的爱人。

“或许他们工作太累了，在家里就表现得不太爱说话，除了探讨医术。”何思韵如此解释公公对待病人和家人的“两面性”，以及他为什么能给病人留下和善幽默的印象，在儿子那里却又“不善言辞”。或许，这正体现了林汉华的敬业。

同为医生的林国杰对此有更深刻的体会：“很重要的一点就是你对病人的态度，也就是你第一眼给对方的感觉。我们说看病如看相，患者如果信得过你，其实病已好了一半了。医生就是安慰剂，就是一道良药。病人如果觉得医生不负责任，不管你做什么治疗，他都会有抵抗情绪。如果你每天过来关心一下，他能感受到这种关怀，自我感觉就会好很多。特别是老人家，在这方面非常明显。病治好了，跟医生做了朋友，这样的患者很多。”这或许就是林国杰对父亲“幽默”形象的另一种解读。林汉华正是通过自己的行动，让儿子在潜移默化中认识到作为医生所必须具备的道德准则。

新中国成立 70 年来广州巨变

2019 年是新中国成立 70 周年。70 年来，广州社会方方面面发生了翻天覆地的变化，城市面貌日新月异。

广州的母亲河——珠江，千百年来一直哺育着这座城市的成长，见证着这座城市的日升月沉、世事更迭，江边巍然屹立的历史建筑、新老地标，也映射了广州的飞速发展，生机勃勃。

我们可能没有机会亲临历史现场，见证广州在每一个历史转折点经历的改变，但留存至今的老照片和城市发展展现的新风貌，形成了交相辉映的镜子，以一座城市的视角，见证着新中国 70 年来的发展和变迁，记录着新中国 70 年来人们追求美好生活的脚步。

1949 年 11 月广州长堤，配着标语“中国人民站起来了”的毛泽东巨幅画像，悬挂于爱群大厦。该画由香港“人间画会”的关山月、廖冰兄、杨秋人、黄新波、张光宇、王琦、黄茅等集体绘制。爱群大厦高 64 米，共 15 层，是广州现代建筑中最早改良西式建筑风格的典型代表之一。20 世纪 50 年代至 60 年代初，爱群大厦这座雄伟的高级宾馆堪称岭南第一高楼，是广州市的地标建筑（李夑华 /FOTOE）

新中国成立 70 年来，广州的城市面貌发生了天翻地覆的变化。600 米高的广州塔、530 米高的广州周大福金融中心（东塔）、449.2 米高的广州国际金融中心（西塔），三塔遥相呼应领衔城市新中轴线，成为广州市最耀眼的地标建筑（全景视觉）

20 世纪三四十年代，珠江广州市区段中数不清的平底船。新中国成立前，民生凋零、百废待兴，老百姓缺吃少穿，生活困苦，部分居民就生活在这些船上面，被称为“疍民”（武尔夫－迪特·格拉夫·卡斯特尔－吕登豪森 /FOTOE）

新中国成立后，在政府的关心下，百姓生活逐步改善。图为 20 世纪 60 年代，搬到陆地上居住的“疍民”妇女和儿童（文仕博档馆 /FOTOE）

改造后的广州城中村猎德村。经过 70 年发展特别是改革开放以来经济的高速发展，越来越多的人住上宽敞明亮的大房子，人民的居住条件和生活水平大幅提高（视觉中国）

1949 年前，广东士敏土厂鸟瞰图。治平洋行在 1906 年为广东士敏土厂设计了南北两栋办公楼及工程师楼，孙中山先生曾将其作为大元帅府。向东望去，那时的珠江南岸还都是荒野之地，士敏土厂是当时广州城南最气派的建筑（宝盖头提供 /FOTOE）

相隔大半个世纪的隔空遥望，远处的珠江新城高楼大厦林立，珠江两岸流光溢彩、繁华似锦（黄剑摄）

1949 年 3 月，在爱群大厦上俯瞰珠江最繁华的长堤段江面（缘紫舞提供 /FOTOE）

70 年，日新月异、斗转星移，珠江不仅继续滋养着两岸的广州人，也见证了我国重要的中心城市广州从新中国成立以来所发生的巨大变化（全景视觉）

编剧郑琨：
电影之家的家教源于“鬼子姥爷”

口述：郑 琨　整理：关 捷

王孝忠（1928—2016）：出生在辽宁丹东，八一电影制片厂、珠江电影制片厂著名电影表演艺术家。王孝忠参演的第一部电影作品是八一厂 1956 年摄制的《战斗里成长》，由此开始了长达 50 余年的反派表演之路。最令人津津乐道的当属王孝忠塑造的一系列日本鬼子形象，像《永不消逝的电波》中的特高课处长中村、《地道战》中的中队长山田、《野火春风斗古城》中的情报顾问多田等。他的外孙郑琨，为青年导演、知名编剧、喜剧演员，是脍炙人口的电视系列情景剧《外来媳妇本地郎》《七十二家房客》的编剧之一，被喻为“广州最年轻老编”。

在那个特殊的年代，姥爷敢于冒着一辈子遭骂的后果，用生命来坚守反派表演艺术的岗位，确实是件难能可贵的事。姥爷演了一辈子的大反派，生活中却是个异常慈祥善良的人，他教会了我始终以良善美好的心对待生活、对待世界。在我心中，姥爷是最厉害的榜样。

——郑琨

一时间，我分不清哪一个才是真实的姥爷

姥爷只有三个女儿，我是姥爷唯一的孙儿辈。我出生时，姥爷特别兴奋，说我是郑家与王家一块价值连城的宝玉，给我起名为郑琨。

我上小学时，学校组织全校师生到电影院观看爱国教育电影，所选的影片正是《地道战》。这是我人生第一次正儿八经地在电影院里看《地道战》，第一次近距离地观看姥爷的表演。每当银幕上的他龇牙咧嘴地出现时，身边的同学都非常痛恨和气愤，到他被打倒时，全场雀跃欢呼。

整个观看过程中，我将头深深地埋在前排椅背上，心里非常难过，我了解的姥爷根本不是电影里那副穷凶极恶的嘴脸啊！几天后，几个邻班的同学得知我是“山田队长”的外孙，就在放学路上将我堵住，骂我是大坏蛋的孙子，也不是好人。

无缘无故被骂了一番，我既伤心又委屈。那天回到家中，姥爷像往常一样嘻嘻哈哈地逗我，可我不想理他。姥爷在生活中和银幕上的巨大反差让年幼的我非常困惑，一时间，我分不清哪一个才是真实的姥爷。

一个星期天的早晨，我跟随姥爷到肉菜市场买菜。在一个猪肉摊档前，姥爷挑了一块猪肉准备付钱时，他感觉到一只手正鬼鬼祟祟地往自己的裤袋伸去。姥爷是军人出身，反应特别快，便敏捷地将那只手抓住，一个反扣手，一个年轻人顿时“哎哟”一声，疼得直呼饶命。

当场抓获小偷，许多路人围观并鼓掌叫好，纷纷要报警。姥爷却说：“也没让他得逞，我得跟他聊聊。”那年轻人当即下跪苦苦哀求：“爷爷，对不起，

我从农村出来，实在太饿了，才想偷钱买东西吃，我知道错了，以后再也不敢了。”

姥爷松开了对方，说：“年轻人，我知道你肯定是生活所迫，但年纪轻轻的，你可以通过正当的途径赚取生活费用，别给家人增加负担，你若被关进监狱，你的父母和家人会为你担心的。”

随后，姥爷拿出钱包掏出10元钱递给他，他不敢要，姥爷硬把钱塞在他手里。肉摊老板劝说道：“你干吗对他这么好？他偷你钱，是坏人啊！”姥爷说：“没有谁一生出来就是坏人。他还年轻，不懂事，只要给他个教训就好了，也没必要毁了他的前途。”然后，他冲那年轻人说：“希望你别让大家伙儿失望，也好好为你的家人着想。”年轻人早已哭红了眼：“谢谢爷爷，我答应你，我不会再偷东西了！”

从这件事情开始，我对姥爷肃然起敬。这才是我心中最真实的姥爷，一个以德报怨、拥有菩萨心肠的大好人。

我渐渐地长大，也懂事了，开始慢慢地将心中那份难过转换为对姥爷的敬仰。在那个特殊的年代，姥爷敢于冒着一辈子遭骂的后果，用生命来坚守反派表演艺术的岗位，确实是件难能可贵的事，所以，在我心中，姥爷是最厉害的榜样。

耳濡目染，我成了新生代“坏蛋”

像姥爷这种专演反派，善演坏蛋且小有名气的“配角”，在“文革”中不可避免地受到冲击。“林彪反革命集团”倒台后，姥爷来到地处广州的珠江电影制片厂，继续走他的艺术道路。在珠影，他不但继续延伸着自己努力超脱“脸谱化”的个性表演特色，还力争将自己的戏路朝着喜剧方面发展。

我的喜剧风格，确实也是从姥爷那里学来的。姥爷在生活中是个爱搞笑的老头，永远都是那张笑眯眯的慈祥脸庞，经常会因为一些好笑的段子而笑出眼泪来，平常说话也特别逗，还不时地用他那厚重的东北口音跟我们说一些好玩的小故事。

姥爷说，他这一辈子演过不少影视经典人物，但由于时代所限，做演员时没有太多的选择，故他所饰演的角色大多都是反派人物。不过，姥爷还是演过正派人物的，那就是珠江电影制片厂出品的喜剧《皆大欢喜》中的魏厂长一角，用姥爷的话说："这个好人还是个犯错误的好人。哈哈！"其实，除了对演坏蛋有心得外，姥爷对喜剧表演也挺有心得与研究，在日常生活中，他把这些表演技巧毫无保留地传授给我。

王孝忠在电影《一个美国飞行员》中的定妆照

小时候，我总爱玩堆积木游戏，小积木玩起来觉得不够过瘾，就自己搞创意玩"大积木"，将旧木板、旧柜门等装修废料当作"大积木"，在姥爷住的珠江电影制片厂家属大院阳台搭建"地道"，来演《地道战》。

姥爷见了特别高兴。他跟我一起玩儿，培养我的表演兴趣。我用木板及姥姥种植的盆栽造出"地道"入口，然后在"地道"里面隔出几个功能区来。一切都做好了，我让姥爷再度扮演"山田队长"过来"扫荡"，从而检验我设计的"地道"能否完美地做到"防烟""防毒"，能否"躲避鬼子"。姥爷全身披挂，穿上"鬼子"服装，认认真真地配合我。

姥爷为人正直，一生淡泊名利，乐于助人。他独具慧眼，总会提拔一些有才华的新人，给他们机会，让他们能够拥有发挥才华的平台。当年姥爷已是大明星，但他从不把自己当腕儿，反而时常怀着一颗善良的心主动帮助那些有才华的影坛新人。姥爷看到我参与编写的《老猫烧须》《外来媳妇本地郎》等系列作品在电视上播出后，特别高兴。有一天，他跟我说："你编的每一部剧我都看了，而且看得特别仔细。其实我还希望你能多演，多接全国性的影片来拍摄，扩大事业版图。你是有表演天赋的，而且你小时候也特别喜欢表演。在你那时玩的‘地道战’游戏中，我发现你特别细心，懂得观察生活，现在从你写的剧本也能看得出来。所以，我相信你将来也一定会是一个好演员。”姥爷这番话成了我不断向上奋进的动力。

后来，在姥爷的鼓励下，我更多地走到幕前参与表演。我铭记姥爷的教诲，只要有机会便出镜，从不计较演什么，从最初的跑龙套开始，渐渐成了电视剧的领衔主演和电影的配角。慢慢地，我成了一名编、导、演三栖的影视从业者。

机缘巧合，我演的角色也是以反派主角为主。比如我应邀参与了中韩合作的3D悬疑电影《蜜月酒店杀人事件》，饰演一名吊儿郎当的娱乐名记——“宋记者”，这是一个挺有意思的角色。

在表演上，我并没有刻意地模仿姥爷，但我身上流淌着王家的血，加上从小耳濡目染，难免会有点他的影子。负责电视剧后期剪辑的是珠影的后期剪辑师，我们此前没有见过面，但有一天我们在电视台碰到了，他一看到我就对我说：“通过剪片看到你的表演，很不错，我觉得你的表演与气质很像我们厂一位老演员。”我好奇地问：“像谁？”他脱口而出：“老演员，不知道你们年轻人知不知道，叫王孝忠。”我笑了：“我当然知道他，他是我的姥爷，我是他的外孙啊！”此话一出，剪辑师也愣住了，随后马上竖起大拇指：“难怪难怪，真的太像了，青出于蓝而胜于蓝啊！继续加油，将老爷子的表演艺术事业发扬光大啊！”

正是这位剪辑师跟我说的这番话，让我对延续、传承姥爷的演艺事业有了前所未有的使命感，可谓一言惊醒梦中人。

姥爷曾对我说：“琨，你要记住，将来无论演什么样的角色，都要学会发现人物个性中潜在的多面性，正所谓人无完人，再好的人也会有缺点，这些缺点正是揣摩人物时不可忽略的细节，不能够抹去。比如说演反派，塑造坏蛋，也不能只是纯粹坏到极致地演。可恨之人必有可怜之处，每个人物的坏总有坏的原因，我们作为专业演员，要发现他的可怜之处，找出让他变坏的原因所在。在塑造反面人物‘穷凶极恶’的一面时，也要试着挖掘一点人物本性最根本的善。这样一来，人物就有了自身性格上的冲突，角色就活起来了。”

姥爷这番话，让我不禁联想起小时候随他上市场买菜时亲眼看见他以德报怨的一幕，才明白他当年的举动是设身处地为那个年轻人着想，因为他真正懂得“可恨之人必有可怜之处”的道理。他演了一辈子“坏蛋”，也很能体会“坏人”的心态与处境，他看得出这个年轻人身上的善根，希望能够给他一个彻底醒悟、改过自新的机会。姥爷用这样的方式言传身教地给我上了生动的一课，也让我坚定了信念，要做个生活中的好人。

多想再和您一起开玩笑，一起聊电影

姥爷是很贴心的丈夫。姥姥比他大 3 岁，是钢琴师，原东北军区政治部文工团的独唱演员兼钢琴伴奏，姥爷当年是东北军区政治部文工团话剧队的演员，二人同属一个军区。60 多年来，他俩相敬如宾。晚年时，姥爷经常带着比自己年长的老伴上商店买鞋子、逛街、吃麦当劳。有一回，由于对洋快餐的包装摸不着头脑，一失手，汉堡滚到地上，二老看着地上的面包大笑起来。他们是那么开心，我在一旁看了也深受感染。

姥爷是和蔼可亲的老爸，他喜欢和女儿们开玩笑。姥爷曾说过，他觉得最幸福、最快乐的时刻就是三个女儿都回家来，大家陪他一块儿包饺子。而每次包饺子，他都调皮地用双手比画成“取景器”，“拍”下三个女儿包饺子的情景，姥爷还会用口技模拟快门的“咔嚓”声。三个女儿都被他培养成了电影人，我妈妈是高级化妆师，二姨是配音师，三姨是剪辑师。

姥爷对我特别关爱，我跟他说的任何一句话，给他的任何一件物品，哪怕再简单，他都如获至宝。

在我从事编剧工作后，有一次我到佛山著名的南风古灶采风。其间，我看到了一个很可爱的石湾公仔，是一对慈祥的老头老太太相依相偎地靠在一起的造型，神态非常欢乐，又特别可爱，尤其是那个老头跟姥爷很像，所以当即买下送给姥爷姥姥。他们收到后非常开心，姥爷还把公仔摆在家中最显眼的位置，一看到这个公仔逗趣的表情，姥爷就会哈哈大笑，每次有朋友或者媒体来家里拜访，他总会向到访的人炫耀，说这是外孙送给他的。

他生病入院前过的最后一个父亲节，我为他准备了一份特别的礼物——一件黑色彩条纹恤衫，姥爷很喜欢。我在衣服的袋子上附上了一张小纸条，上面写着“祝姥爷父亲节快乐——郑琨”，没想到他还把我写的小纸条留着，贴在他经常坐的凳子扶手上。隔了一周我回家时，他指着贴纸条的地方，脸上露出孩子般的笑容，嘴上说了句“唔该”（粤语“谢谢”的意思）。姥爷很喜欢那件衣服，此后每次参加重要活动他都穿着。

2016年1月22日下午，广州下起了绵绵细雨，天气变得格外寒冷。我接了一个赴韩国拍戏的任务，眼看还有几天就要启程，便计划趁着出发前的空当去修剪头发。

那会儿，不知为什么，我烦躁不安，预感有什么事情发生。手机急促地响起，是妈妈的来电。“儿子，你在哪儿？”妈妈哽咽着说，“医院刚来电话，说姥爷正在病房里抢救。”

听到这里，我在雨中狂奔起来，直往医院而去。

姥爷正在抢救，我们只能在病房门外等候。

“姥爷，您这次也一定要挺过去啊！”我想起3年前，姥爷突发脑溢血入院抢救，医生说他已经80多岁，如此大面积出血，能救活的概率不大，就下了病危通知书。那一次，医生说需要家人录制唤醒病人的音频，要通过小型播放机在ICU（重症监护治疗病房）内播放给姥爷听，希望通过亲情的呼唤让他尽快苏醒。我在录音时哽咽着说：“姥爷，我是郑琨，您快醒来，我答应您，我以后多陪您聊天，我们再一起开玩笑、一起聊电影好吗？”

突然有一天，医生告诉我们：“老爷子今天听录音时开始有些反应了。”我们赶紧跑到隔离区往里面看，只见播放机正在播《地道战》的歌声，姥爷的眼角渗出了一滴泪水，眉头不时微皱。护士在病房内向我们竖起大拇指，微笑着点了点头，示意姥爷真的有反应了，我们顿时喜出望外。

但姥爷还是没有苏醒，仍然处于昏迷状态。我停下手上的工作，独自飞到云南丽江，登上玉龙雪山为姥爷祈福。姥爷属龙，玉龙雪山也属龙，我还听说丽江是个神奇的地方，在那儿叫天天答应，叫地地回应，不管迷信还是不迷信，我去了。我向玉龙雪山祈祷，希望神山保佑我的姥爷尽快彻底清醒。神奇的是，就在当天，我收到了妈妈从广州医院里发来的信息：“儿子，告

在郑琨眼里，姥爷王孝忠就是他小时候的一个玩伴

诉你一个好消息，姥爷今天终于开口说话了，医生在帮姥爷做按摩的时候，他突然喊了一声疼……”我赶紧走出租住的丽江大研古城客栈，朝着远处的玉龙雪山深深地鞠了一躬。不知是否为巧合，但我觉得大自然确实充满着一种神奇的力量，也许并没那么神，不过是亲人间的心灵相通罢了。

姥爷是时尚老头，注重养生，会上网查询并收集有关健康及养生的资讯转发给家人和朋友。他最爱做的事便是上网看电影和电视剧。他酷爱运动，每天坚持徒步 5 公里。我以为，姥爷这次也能挺过去。

可是，十几分钟后，我等来了一个非常让人悲痛的消息：抢救无效，我那个满脸微笑、爱穿运动服的姥爷永远地离开了我们。

2016 年 1 月 24 日，姥爷去世的第二天，广州下了一场“百年一遇”的雪。姥姥说：“老王想家了。”妈妈接着说：“对啊，爸把北方的雪都带到广州来啦。”我听了，泪如雨下。

姥爷，我好想您，想得心好疼。您虽然已经离我们而去，但您的艺术生命将在我们子孙后辈的努力下薪火相传，生生不息。

丽珠医药侯雪梅：做老百姓用得起的好药

文：邓宝君

侯雪梅：丽珠医药集团股份有限公司研究院首席科学家，教授级高级工程师，享受国务院特殊津贴。中国妇女十二大代表、广东省第十三届人大常委会委员。入选国家百千万人才工程、“广东特支计划”杰出人才（南粤百杰）。荣获全国三八红旗手、广东省三八红旗手标兵。负责和参与国家发改委、科技部“十二五”重大专项等项目 14 项，取得新药证书 16 项，申请发明专利 30 项，获专利授权 26 项。研发出中国消化领域第一个 1.1 类专利新药艾普拉唑，填补了国内空白；以第一完成人身份获国家科技进步奖二等奖，广东省科技进步奖一等奖。

我从一名普通本科生，到研究院首席科学家，30余年间，身份在变，但药物研发的初心始终没有变。我是广东这片改革开放热土培养起来的。我只是把本职工作做好，没想到能得到这么多荣誉。我非常幸运，能遇到艾普拉唑这么好的药，有这么好的团队和企业，感谢各级政府对创新药的支持，特别要感谢这个时代，这是一个重视科技创新，让科研人员心无旁骛，专心做事的时代，是国家对创新药和新产品、新技术都认可支持的好时代。让中国老百姓用得起安全放心、疗效好的药，正是我坚持自主创新的重要原因。

——侯雪梅

作为丽珠医药集团股份有限公司研究院首席科学家、国家药典委员会委员的侯雪梅，坚守“做老百姓用得起的好药”这一理念，带领研发团队历时10余年，研发出我国消化领域第一个1.1类专利新药艾普拉唑——这是第一个由我国自主研发的PPI（质子泵抑制剂），填补了国内新药研发空白。2017年，艾普拉唑肠溶片新适应症和注射用艾普拉唑钠，成功获批生产，是我国制药领域取得的又一重大性突破。

越努力，越幸运，侯雪梅就是这样一个明媚灿烂的女子。作为科学家，她严谨而博学；作为妻子和母亲，她却笑称自己“不及格”。

异乡实习竟遇到人生知音

1967年11月出生的侯雪梅，有4个兄弟姐妹，她排行老二。父母是山东人，为支援新疆建设，他们拖家带口到了那里，进入当地一家糖厂工作。侯雪梅和兄弟姐妹都是在糖厂长大的，甜蜜的味道伴随着无忧无虑的少年时光。从小成绩优异的她，一直记着老师当年的一句夸赞：“你们糖厂的小孩儿，是不是因为糖吃多了，怎么都这么聪明呀？”现在回想起来，侯雪梅心头依然有一丝甜甜的味道。

16 岁时，侯雪梅考入沈阳药科大学。毕业实习时，整个专业只有两个校外实习名额，因要去广东韶关，路途遥远，校领导有意推荐两名男生去。不过，辅导员觉得侯雪梅成绩优异，完全能胜任这个实习岗位，便向校领导推荐："新疆到辽宁这么远，她都过来了，去韶关肯定也没问题。"

就这样，侯雪梅只身前往韶关，进入利民制药厂实习。在此期间，她认识了在该厂研究所工作的陶德胜。他是湖北人，比侯雪梅大 3 岁，小学时跟着身为南下干部的父亲来到韶关生活，大学考入位于南京的中国药科大学。毕业后，他服从分配，来到利民制药厂。

中国药科大学和沈阳药科大学并称"南药北药"，侯雪梅和陶德胜自然有不少共同话题。比侯雪梅早两年毕业的陶德胜，作为"年轻前辈"，和其他同事一起带侯雪梅这批实习生。刚踏上工作岗位的侯雪梅，有着一股冲锋陷阵的劲儿，陶德胜觉得这个女生和自己"拼命三郎"的性格很相似，不由对她多了几分留意。工作时的侯雪梅果断干练，生活中的她却是个天真烂漫的女生，从北方来的她，渐渐喜欢上"这个几乎没有冬天的城市"。

在那个青涩年华，侯雪梅恋爱了，男友就是陶德胜。她知道，实习期结束后，只有两个名额可以留在广东，为能离男友近些，她加倍努力工作。最终，侯雪梅如愿进入广东省珠海市的丽珠集团，担任技术员。丽珠集团是一家集医药研发、生产、销售于一体的综合性企业集团，刚成立两年，人员不过百余。侯雪梅进入集团后，在车间各个岗位体验和学习。扎实的理论基础和踏实严谨的作风令侯雪梅从众多新人中脱颖而出，一年半后她就被抽调到集团研究所从事消化药物的研究。

1988 年，当事业逐步走上轨道时，侯雪梅和陶德胜的爱情也迎来收获季节。一场简单的婚礼后，两人便急匆匆地投入到工作中。婚后 3 年，小夫妻一直过着两地分居的生活。侯雪梅在珠海，陶德胜在韶关，相距三四百公里，虽然距离丝毫没影响两人感情，但陶德胜还是积极争取调到珠海。

"我们不能一直做'牛郎织女'吧？"因为陶德胜单位的领导不肯放走这个难得的人才，侯雪梅就亲自出马，她拿着相关手续，径直来到丈夫的领导家中，"你不签字我不走。"领导被侯雪梅逗乐了，他也清楚这对年轻人的情况，便忍痛签了字。

事业型家庭的温馨时刻

几个月后，陶德胜也进入了丽珠集团。1993年，丽珠集团完成股份制改造，成为全国医药行业首家A、B股上市公司。当时，因急需市场推广，陶德胜从科研转战广告策划。结果，他策划的广告词“丽珠得乐，给你欢乐”一时风靡全国，让这种消化药物广为人知，他也因此获得不少奖项。

在质疑声中开启制药梦想

在工作上，侯雪梅和丈夫并驾齐驱。当陶德胜在事业上有所成就之时，侯雪梅也没落后，丈夫推广的“丽珠得乐”，她不仅参与了研发、生产和临床等一系列工作，还参与了销售工作。

当时集团销售人员紧缺，侯雪梅也不得不奔波于全国各大医院之间，推销这款药品。侯雪梅觉得很不习惯，甚至有些别扭，但转念一想，好药只有走出实验室才能真正发挥作用，让患者受益。

“‘丽珠得乐’能保护胃黏膜，现在胃病患者不少，可以试一试。”类似的话，侯雪梅不知重复了多少遍。第一次推销成功，她清楚地记得，这家医院要了一箱“丽珠得乐”，里面有40盒。小小的成就感，给侯雪梅带来巨大动力，她和同事马不停蹄地到广西、河北两地推销。同事是一个20岁出头的女生，有一次两人来到广西一个相对贫穷落后的县里，所住酒店房间的门上有一个洞，侯雪梅感觉随时可能有一只手伸进来开门，一点安全感都没有。回忆起当年的这些经历，侯雪梅觉得很珍贵：“很多努力，当时见不到成果，但过段时间就慢慢水到渠成了。”

1992年，侯雪梅生下女儿。因工作太忙，她和丈夫只能轮流照顾女儿。1997年，丽珠集团收购利民制药厂，陶德胜被派到那里当副厂长。好不容易建立起来的温馨小家，又面临分离，而这一分，就是七八年。陶德胜忙着搞研究、跑市场，只能定期回家探望妻女，心中充满歉意。

独自带着女儿的侯雪梅，肩上的担子更重了。侯雪梅常带着女儿去上班，乖巧的女儿在一旁看书画画，从不给妈妈添麻烦。也是在这一年，30岁的侯雪梅被评为高级工程师，成为当时广东省最年轻的高工。

谈到艾普拉唑，侯雪梅是骄傲的。“当时，治疗消化性溃疡疾病的拉唑类药物，都被国际制药巨头垄断，且价格较高，我们国内的低水平仿制药很多，虽然大部分患者用得起，但疗效不太理想。”作为艾普拉唑项目的负责人之一，侯雪梅知道这个项目的意义十分重大，继仿制再创新的明星产品“丽珠得乐”之后，丽珠集团在消化道治疗领域提供新的产品，是医生和患者的殷切期待。

研发新药，就意味需要投入非常大的人力、物力和财力，集团内部难免出现反对和质疑的声音，但侯雪梅认准了这条路，即使荆棘遍布，也毅然向前。

“要么不做，要做就全力以赴，我一定要研究出一种疗效好、价格亲民的好药。”侯雪梅的想法，陶德胜很支持，但他有些顾虑：“艾普拉唑项目，事情又多又杂，你还要一人带着女儿，忙得过来吗？”侯雪梅信心十足地说：“女儿和我一条心，肯定不会给我拖后腿的。”

科学家不变的初心和使命

那些日子，上小学的女儿几乎每天放学后都来陪妈妈加班。无数个夜晚，女儿写完作业，就躺在办公室沙发上睡着了。侯雪梅听着女儿均匀的呼吸声，

侯雪梅以第一完成人身份获 2015 年度国家科技进步奖二等奖

感慨万千：“谢谢女儿，你给了我最大的支持。”

忙完工作往往已是次日凌晨时分，侯雪梅领着睡眼惺忪的女儿回家。那段时间，加班成了侯雪梅的常态。偶尔有一次，她提前忙完工作，牵着女儿的小手走出办公室。当时正值黄昏，女儿竟有些不习惯：“妈妈，天还这么亮，我们就回家了吗？”

侯雪梅团队成员向记者介绍，研发期间，艾普拉唑特别“娇气”，小问题天天有，大问题也不断。“我们都知道，她（侯雪梅）做事‘一根筋’，不能听到‘可能、好像、差不多、也许、不见得’这样的词，她总说：‘是什么就是什么，不能模棱两可，要搞清楚具体的原因、数据，这决定了下一步怎么做，方向在哪里。’”

新药研发困难重重。艾普拉唑刚诞生时，性能特别不稳定，团队有人打起退堂鼓，有人泄了气。“那段时间，我心中最渴望的依靠就是老陶。”侯雪梅知道，丈夫是一个正面、阳光且积极乐观的人，无论做什么事，他都会往好的方面想。那时，陶德胜已任集团副总裁，不过，他们曾约法三章，回

在侯雪梅看来，科学与时尚可以相得益彰

家后不谈工作，但眼见妻子遇到困难，他也积极开导劝慰。“他给我推荐一本名叫《秘密》的书。书里写着，凡事你要多想想好的，就会把很多好事吸引过来，如果你想的都是负面的事，事情也会变得越来越不好。”这本书，侯雪梅认真读了下来，她很感激丈夫在心态上潜移默化地引导着自己。

调整好状态的侯雪梅愈战愈勇，和团队一起想出用高密度加分子筛的瓶子代替铝塑板包装材料的办法来保持艾普拉唑的稳定性。

“1995 年以来，这类新药从申请临床到获准生产，平均研发时间为 7.5 年，而艾普拉唑仅用了 4 年，创造了最短的临床用时纪录。2008 年，艾普拉唑在全球上市。”侯雪梅带领团队研发的中国消化领域第一个 1.1 类专利新药艾普拉唑，是广东省唯一一个获批生产的创新药，解决了进口同类药物起效慢、作用时间短、个体差异大、价格高的问题。“医药产品的一个最显著特点是，从研发到最后进入市场是一个非常严格漫长的过程。最重要的就是坚持，在项目研发上没有平坦的路可以走，我们只能在崎岖的险径上艰难前行。”

卓越的成就，换来荣誉无数。侯雪梅以第一完成人身份获 2015 年度国家科技进步奖二等奖；2016年，享受国务院特殊津贴，同时还入选“广东特支计划”杰出人才（南粤百杰）等。这时，已任集团执行副董事长、总裁的陶德胜感慨良多：“几十年过去，她还保持着当年实习时的工作劲头儿，对一个人来说这很难得，也是我欣赏她的地方。”

站在事业的巅峰，侯雪梅信心满满，她要继续在新药自主研发上贡献自己的力量。她告诉记者，非常感谢与自己风雨同舟的精英团队，以及丽珠这个平台，更庆幸自己能赶上这么好的时代。

不过，让她愧疚的是，生活中，她没能扮演好为人子、为人妻和为人母的角色。“我妈病了，我总想着忙过这一阵，再去看她。我妈为了支持我，忍着病痛不说，现在她已经去世了。”母亲的去世，是侯雪梅无法言说的遗憾。

也许是继承了父母良好的基因，侯雪梅的女儿在“放养式”教育下长大，出落得十分优秀，中学毕业后去台湾读大学，而今27岁的她不仅在北京有了不错的事业，还练就了一手好厨艺。有时，女儿会“嫌弃”地对侯雪梅说：“你也该学学做饭了。”侯雪梅笑着点头，说未来不仅要学做饭，还憧憬着去国外的大学充实自己。

“我是广东这片改革开放热土培养起来的。以前，我一直认为海归的博士才是人才，自己根本就不是人才。现在，通过自己的经历，我认为培养年轻的力量很重要，要对年轻人抱有信心，不管他们是本科生还是海归博士。”侯雪梅说，她未来的计划很多，不过，研发出更多让老百姓用得起的好药是她不变的初心和使命。

化橘红李锋：
让岭南中药造福百姓走向世界

口述：李 锋 整理：马伟强

李锋：化州化橘红药材发展有限公司董事长，广东省非物质文化遗产“化橘红中药文化”省级代表性传承人，李氏橘园（李家园）第24代传人。李锋一直秉承李家祖训，致力于化橘红文化传承，要一丝不苟把“祖传之技世世代代地传递下去”，不断把企业做大做强，为人类健康事业作出了贡献，得到社会各界的好评。2016年，李锋荣获“2016年度百年技艺传承工匠”称号，2018年获粤港澳大湾区妇女创新创业大赛企业组二等奖，2019年获“广东最美乡村女能手”“广东省三八红旗手”“全国巾帼建功标兵”等荣誉称号。

一个人、一个家族的兴衰有其必然性，这个必然性就是价值取向，就是如何看待和如何处理个人与家族成员、个人与社会、个人与国家的关系。在家庭成员之间，我们讲究孝顺，讲究理解、团结、互爱、互助，讲究勤恳节俭、好学上进。在个人与社会方面，注重诚信，讲究责任、感恩。在个人与国家方面，强调忠和爱，忠字当头。国是干，家是支，支附于干，没有国就没有家。

——李锋

早在南宋时期，化州就已开始种植化橘红，明清时期化橘红更是风靡全国，成为贡品，其制剂及工艺品曾红极一时，是“中国四大南药”和“十大广药”之一。2006年，化橘红被列入国家地理标志保护产品；2009年6月，化州获授“中国化橘红之乡”称号；2012年，“化橘红中药文化”入选广东省非物质文化遗产项目，同年化橘红被推动录入《美国药典》。当年经营、制作化州化橘红者以赖、李、潘、陈四大家族最为出名，李锋为其中李家园第24代传人，她的祖先从1486年就开始在化州的宝山种植、经营化橘红了。苍翠宝山，留下了李锋最美好的童年记忆。时隔50多年，爷爷在橘红树下斑驳光影里慈祥的笑容，还有自己那银铃般的笑声，李锋记忆犹新。

我出生于1957年，是家中长女。从小，我就喜欢跟着爷爷到橘园里，看着他侍弄橘红树。对于化橘红，我的脑子里装着“十万个为什么”，爷爷也乐于耐心帮我一一解答。由于“文革”的影响，我的弟弟妹妹都没有掌握祖辈的技艺，所以爷爷把唯一的希望寄托在我身上，叫我把化橘红世世代代传下去，发扬光大。

其实，让李家园化橘红独树一帜的是家族的独特炮制工艺，先祖发明了一个特别的化橘红烘炉，能在当时最大程度保证化橘红的药效。这种炮制工艺是李氏橘园独有的，目前我也申请了烘炉的专利。家族里面做化橘红最好的人就是我爷爷，他不但继承了李家化橘红的烘烤“绝技”，且在化橘红种植选土、摘果等技术上造诣颇高。1922年，爷爷生产的化橘红以“李家园”名号参加广东第二次农品展览会，并获得最优奖，令“李家园”化橘红从此蜚声中外。

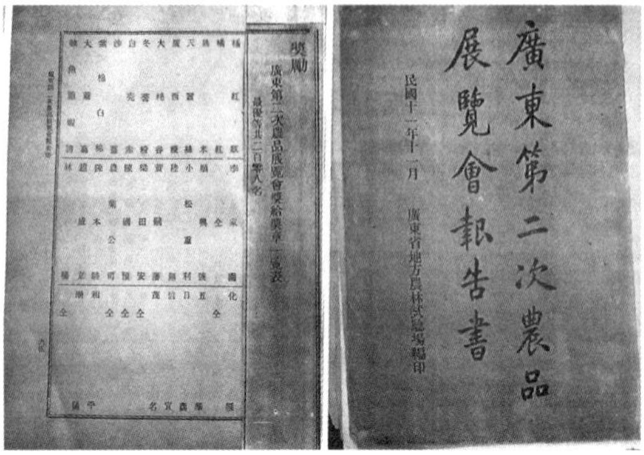

民国十一年（1922年）李锋的祖父李智昌获奖资料

学做化橘红最难的三个步骤就是选土、烘烤和闷润（发酵）。记得在学习烘烤时，爷爷要求我在炉子前面盯着火候，片刻不离。大热天的，不一会儿我就大汗淋漓。热得受不了时我偷偷离开了火炉，却被爷爷发现了。他很生气，打我手心。他是要我深刻记住，化橘红炮制要严谨对待，要严格把控时间和火候。爷爷意味深长地对我说：“用心把住金色火，细心烤出精品药。”这是我李氏家族的祖训。

化州李氏家园化橘红明代贡品

还有就是选土（选择种植化橘红的土壤），由于当时没有什么测量土壤的仪器，只能通过“眼观土色，鼻闻土味”的方法来辨别。这需

李锋曾祖父遗留的化橘红烘炉

要大量时间和实践来积累经验，对于年幼的我来说实在太难了，就算爷爷怎么打我手心也没用。后来，爷爷教我另一种方法：用水把土壤泡开，待其沉淀后就分出了层次，哪种状态是好土看起来就比较直观了。闷润发酵工艺也是一门靠经验的技艺，我花了好几年时间，通过不断试验积累，才得以掌握。

“文革”开始后，化州的橘红树几乎被砍了个精光，化橘红的制作技术我也只能在家里偷偷跟着爷爷学。为了保护橘红树，爷爷偷偷地移植了 40 多棵到李家祖坟所在的山上。爷爷为什么冒着风险殚精竭虑地保护化橘红？我想最主要的原因，就是化橘红能治病救人，做化橘红是行善积德的事。我还记得爷爷临终前对我说的话：“阿锋，你一定要把咱们老祖宗的东西保存好。”殷殷嘱托，永留心间！

化橘红的生产暂时进入了“蛰伏期”，李锋跟其他同龄人一样，读书，工作，结婚生子。然而对于传承化橘红工艺的重担，她却从没有忘却。庆幸的是，李锋遇到了她一生最坚定的支持者——丈夫余剑军。1999 年末，化州当地政府号召农民上山种树，化橘红迎来了发展机遇。在丈夫的支持下，李锋与其家族成员出资成立公司，并一口气承包了 2600 亩土地种植化橘红，“李家园”化橘红迎来了新的发展机遇。

说起来好笑，当时我是看不上他（余剑军）的，差点就错过了这段姻缘。那时候他是一名教师，家里穷，而我家境殷实，差距很大。介绍人说他很聪明，现在看来确实是这样的，没有他的帮助，我就不能把公司发展成现在这个样子。

我们是在 1981 年结的婚。有一天，爷爷把我们带到老屋的厨房里，在地上画了个圈，对我先生说，挖！他懵懵懂懂地挖，掀开了地砖，往下挖了有 1 米多，我们就看到了两口大缸。掀开盖子，那里边的东西让我惊呆了！只见有保存完好的陈年化橘红，有当年使用的化橘红制作工具，还有那张爷爷 1922 年获奖的证书！爷爷笑眯眯地对我们说：“这些是给阿锋的嫁妆，以后就交给你们了。”那一刻，我很感动，也感受到了沉甸甸的责任。

我先生也深有同感，所以他一直很支持我发展化橘红事业。1999 年，政府号召农民上山种树，向荒山要效益。那时我先生在政府部门工作，他很兴

李锋（右二）在传授挑选化橘红胎片技艺

化橘红工艺品

准备包装出售的五爪、七爪橘红薄片

奋地告诉我这个消息，鼓励我去种植化橘红。他笑着对我说："李氏橘园复兴的时代开始了。"我也是说干就干，马上开始找适合种植化橘红的荒山。每逢周末，我先生就开着摩托车带我漫山遍野地跑。2000 年，我承包了 2600 亩荒山开始种植化橘红，树苗就是从我家祖坟那 40 多棵橘红树嫁接培育的。

化橘红要 4 年以上才开始挂果，而且是越陈越良。我为了保证化橘红的好品质，当年采摘的化橘红不加工销售，烘干以后放在仓库里氧化最少 3 年才开始加工炮制销售。也就是说从种植到资金回笼要 7 年以上，资金非常紧张。我的家庭为了支持我，卖掉了一栋房子，而且大家下班后都风雨无阻地到橘园里帮我干活。

在家人的支持下，我的化橘红事业越做越大，种植基地从当初的 2600 亩扩展至 1 万多亩，种苗基地 200 亩，并且投入大成本按照 GMP（《中药材生产质量管理规范》）标准对化橘红进行生产。我的先生非常有远见，建议我们与中山大学生命科学学院合作，建立谱效结合的化橘红质量控制标准，研发化橘红新产品。从 2002 年开始，我们每年投入科研经费不少于 300 万元，成功研发中药五类发明新药红珠胶囊，并获得了国家发明专利。我们还和美

化橘红

国医大师金世元在化橘红公司基地调研

李锋和她的丈夫余剑军

国汉佛莱公司合作研发橘星止咳糖浆，获得了加拿大卫生部的批文，让化橘红走出国门，走向世界。

随着公司的发展，李锋所坚守的“化橘红中药文化”也得到认可。2009 年，李锋的化橘红炮制工艺被认定为广东省岭南中药文化遗产；2012 年“化橘红中药文化”被批准为广东省非物质文化遗产，而李锋也成了这项“非遗”的省级代表性传承人。

我知道，企业的发展必须要有文化和科技的支撑，为此我建立了化橘红博物馆，撰写《化橘红图志》专著，建立了博士工作站和化橘红研究院，倾力打造化橘红文化品牌。

我认为，一枝独秀不是春，要将化橘红产业做强做大，就必须打造旗舰产业，引导大家抱团发展。我除了撰写《化橘红图志》传播化橘红的知识技艺之外，还设立传承课堂，定出 5 年规划，发展化橘红产业，捐赠种苗等，让乡亲发展起来。我们工厂负责烘烤和炮制的工人在我的传授下，基本掌握了化橘红的炮制工艺。另外我也会把家族祖传的一些选土技巧和虫害防治方式教给果农。我一年公开传承四次，每次都有 50—100 人接受我的传承。截至目前，我公司培训农民 30 多万人次，3 万多农户，平均每户每年增收 1.2 万—3 万元。预计红珠胶囊产业化后，将延长化橘红产业链，助推化州当地百姓的就业，解决橘农的销路问题，进一步服务于民生健康和广东社会经济发展。我感觉很开心，一个人富不是真的富，大家富了才是真的富，我尽自己微薄的力量去帮助别人，这也是爷爷对我的要求。

化橘红是非常好的产品，但知名度不高。为了提高化橘红的知名度，我准备在化州的尖岗岭上建一个集旅游、休闲、养生于一体的化橘红公园。公园里还要建一个化橘红历史博物馆，把化橘红的历史、文化、技艺以及未来的发展规划呈现出来。目前，我已经把山地承包了下来，又花巨资请人规划设计。我希望能吸引全国各地甚至国外的游客来观看，了解化橘红，用上化橘红，受益于化橘红。

我很重视对后代的培养。创业时，尽管很忙，但我从没有放松对孩子们的教育。我认为，没有培养好后代，自己的努力就打了折扣，而且化橘红文化也需要我们世世代代传承下去。

我的大儿子余品皓毕业于中国刑警学院，当了 10 多年的公安干警。他看到我们传承发展化橘红如此辛苦，便毅然辞去了职务，回公司帮忙。现在他已经是李氏橘园第 25 代传人，也是茂名市化橘红中药文化代表性传承人，能独当一面。我相信他能将化橘红事业发扬光大。

更让我欣慰的是我的孙儿们。我的一个孙子今年才 5 岁，他也很喜欢化橘红，喜欢跟着我去橘园，喜欢跟我学化橘红制作工艺，也懂得不少化橘红的历史文化。看着他，就仿佛看到了 50 多年前的我，看到了我跟在爷爷的身后学习化橘红知识时雀跃的身影。那天，他放学回家后跟我说："奶奶，你给我点化橘红。我同学咳嗽了，我要送给他吃。"我特别开心，也特别自豪，化橘红的传承，不仅是工艺、文化的传承，最重要的还是植根于化橘红文化深处的治病救人、行善积德的高尚品德的传承。

最美军嫂赖燕丽：全家奉献给祖国的海洋

文：邓宝君

赖燕丽：广州市海珠区官洲街道公务员。为支持丈夫许益民工作，放弃在市局机关工作岗位，来到靠近丈夫部队的基层街道工作，在街道工作 17 年。曾荣获广州市“新长征突击手”、广州市“三八红旗手”、羊城首届“最美军嫂”、“全国百名好军嫂”等称号。许益民从军 40 年，多次被南海舰队评为优秀党务工作者、优秀党委书记和海军军事训练优等军官，担任师、团职主官两次荣立三等功，目前是全军军事训练监察员。儿子许悦从海军工程大学毕业后，主动到条件艰苦的海岛部队锻炼。许益民和赖燕丽组建家庭 31 年来，秉持传统好家风，一家三口和睦相处，入选“广东十大最美家庭”和“全国最美家庭”。

对于我们军人家庭来说，家是家庭的家，更是国家的家。在军人的精神世界里，国家、家庭和个人是一个密不可分的整体，国泰才能民安，国强才能民富。军人家庭的奉献，在于为国舍家，在万家团聚的时候，作为军嫂，我也思念远在海上执行任务的亲人。岁月静好，但必须有人负重前行。为了和平鸽能够在天空自由翱翔，我们军人家庭选择的是牺牲和奉献，这就是新时代军人家庭的家国情怀。

——赖燕丽

2018 年 4 月 23 日，中国人民海军成立纪念日，位于广东省东莞市虎门镇的海军某训练基地举行了隆重的阅兵仪式。威武雄壮的场面令人心潮澎湃，而对于赖燕丽一家来说，这个“水兵摇篮”对他们有着别样的意义与情怀。

作为海军“百名好军嫂”之一的赖燕丽，在工作岗位业绩突出，成为新时代军嫂的代表；丈夫许益民从军近 40 年，多次在部队立功受奖，刚退休又受聘为全军 107 名专家之一；独生子许悦则子承父业，到艰苦的海岛服役。30 年来，为了万家团圆，这个三口之家把一切都奉献给了祖国的海洋。一家人虽每隔一段时间就要分开，但无论相距多远，他们都会唱起那首心中最爱的军歌……

海岛做证：今生最大的生日礼物

走进赖燕丽的家，令人感觉温馨雅致，阳台处有盆开得正艳的兰花，左侧橱柜里那几只硕大的海螺，似在讲述这个三口之家与大海有关的动人故事。

“当年，是我主动追求她的。”提起与赖燕丽的相恋，许益民的话语中仍有着军人的铿锵力度。相对而坐的赖燕丽，长发披肩，一脸笑意，翻阅着记者带去的最新一期《家庭》杂志，说：“我们家订了你们的杂志呢，看，这两本是一样的。”说着，她请记者喝茶。这时，坐在妈妈身边的许悦转身出去，没一会儿，为妈妈端来一杯沏好的茶，许益民起身拿了个精美的小垫放在茶杯下。父子俩这贴心的举动看上去那么自然，让采访多了几分暖意。

原来，赖燕丽和许益民相识于一场部队举办的中秋晚会上。

当时20多岁的赖燕丽长相靓丽，能歌善舞，作为广州市水产制品开发公司团委书记，她被推选为公司和共建单位——海军某勤务船大队共同举办的中秋晚会的主持人。而海军方面的主持人许益民，刚从海军大连舰艇学院毕业，是一名海军中尉军官，风度翩翩。那台晚会在他们的主持下精彩纷呈。之后，两人出任部队和公司军民共建“形象大使”。

随着和赖燕丽接触增多，许益民认定她是可以和自己相伴一生的人。特别是得知赖燕丽老家也在广东海陆丰地区（现广东汕尾市）后，许益民便时不时带些家乡特产给她。而赖燕丽从小就有军人情结，得知许益民出生在革命家庭，他爷爷的3个兄弟均为革命烈士，自然对许益民产生好感。无需鲜花戒指，无需甜言蜜语，两颗年轻而朴素的心就这样走到了一起。

赖燕丽的家庭条件比较优越，父亲毕业于南开大学，担任领导职务，一家人住在广州市区机关大院。得知女儿和一名海军军官谈恋爱，父亲便找她谈话。从父亲委婉的话语中，赖燕丽明白老人的担心，海军军人常四处奔波，将来难免聚少离多，怕她受苦。

“不是有人给你介绍一个留学回来的工程师吗？人家有房不说，还和你父母家住得近，那个海军军官不但没房子，工作又那么辛苦，你得三思！”一些朋友纷纷劝说，但赖燕丽只是微微一笑，她喜欢许益民为人敦厚老实有才华。1988年，他们在部队举行了简朴的婚礼。“战友们送了毯子和电饭锅。”“还有毛巾被和热水瓶呢。”“婚礼上还要过独木桥、对咬苹果。”提及30年前婚礼的情形，许益民和赖燕丽相互补充着，脸上掩饰不住甜蜜。

婚后，因许益民的部队驻扎在黄埔岛，赖燕丽每天要乘渡船上下班。渡船班次很准时，错过了就只能坐渔民的小划船，一旦遇到较大风浪，小划船就如一叶浮萍在水面颠簸，十分危险。“岛上条件很艰苦，让你一个在大城市里过着优越日子的女孩嫁过来，真是委屈你了。”看着每天来回奔波的妻子，许益民感到愧疚。赖燕丽却觉得十分幸福：“傍晚坐船回家，岸上有一个等着我的爱人，随着离岸越来越近，越觉得浪漫而踏实。”

因彼此工作的需要，赖燕丽直到婚后几年才怀了孩子。刚确定自己怀孕那一刻开始，赖燕丽就开心得想立刻给孩子取名字。带着初为人父的喜悦，许益民说：“希望孩子能有所作为，能够为振兴祖国奉献自己的力量……”赖燕丽和丈夫有着同样的心情，夫妻俩不知道琢磨了多少日子，渐渐感悟到，作为父母，其实最看重的，就是希望孩子能一辈子过得简单快乐。他们约定：生女儿就叫“许欢”；生儿子就叫“许悦”，与广东话“喜悦”谐音。

因许益民经常出海，赖燕丽担心自己生产时丈夫不能陪在身边。所幸，肚子里的孩子似乎很懂妈妈的心思，就在许益民出海回来的那段日子，许悦出生了。“那天是 1993 年 9 月 8 日，我顺利生下儿子。”赖燕丽侧过身，望着身高 1.82 米、身着便服仍坐姿标准的儿子许悦，满眼幸福，“他们父子俩农历生日是同一天。当时，他爸守在产床前握着我的手，我说：‘这辈子，我送给你的最大生日礼物就是儿子了。’”

这话让许益民再次感慨：“那时，我牢牢地握着她的手，高兴啊，觉得太不容易了。怀孕后，有几次她为了急着赶渡船上班，挺着隆起的肚子一路小跑，操船的师傅都冲她喊让她不要跑。直到现在，我仍然想用‘心会跟爱一起走’来形容我们的经历。”

何惧别离，悉心育子是思念和等待

儿子才 1 岁多，赖燕丽父亲担心的问题就出现了：许益民因去大连进修，要离家一年。赖燕丽既要工作，又要照顾孩子，而双方父母又帮不上忙。这时，赖燕丽多么希望丈夫能陪在身边啊！但她理解丈夫，便默默帮他收拾行装，直到送他出门，才掉下忍了很久的眼泪。这种分隔两地的生活在以后的日子里很常见，随着许益民在部队各地调任，赖燕丽常常独自一人承担起家庭的重担。

让赖燕丽感到欣慰的是，儿子很听话，从小学到高中一直担任班干部，多次被评为“三好学生”。从小，她就教育儿子：见到别人有困难，要主动帮助。有一次儿子生病，赖燕丽背着他乘公交车去医院，车上没空位，也没人给他们让座。许悦不解地问：“妈妈，我们现在有困难，那些叔叔阿姨为什么都不给我们让座呢？”赖燕丽想了一下，说：“叔叔阿姨身体不太好，所以不能给我们让座啊。”

每次慰问演出，赖燕丽和许益民都会深情演唱一首最爱的军歌

多年后提及此事，许悦明白了妈妈当时那番话的意思。“那时，他年纪那么小，我不能传递一些负能量给他。相信等他长大，有自己的辨别能力，遇到事情就能独立思考了。”赖燕丽说着，将一块切好的水果递到儿子面前，许悦起身接过来，又为每人都递上一份。“正是妈妈这样的从小教育，让我的人生‘三观’规正。”已是一名海军军官的许悦，说话不苟言笑，乌黑的板寸头，加之眉宇间的英气，绝非当下一些年轻人的“杀马特”形象能比。

1995 年年底，赖燕丽好不容易盼到许益民进修回来。没想到，1996 年他又被派往驻港部队。短暂的团圆后，又是漫长的别离。1997 年 7 月 1 日，赖燕丽抱着儿子，一起守着电视机看香港回归仪式。赖燕丽说：“儿子，睁大眼睛，看看能不能从这么多解放军叔叔中找到爸爸。”令她哭笑不得的是，儿子只要看到电视画面里出现军人，就会兴奋地喊“爸爸”。

在驻港部队期间，许益民享受了几天“奢侈”的假期，当时赖燕丽因工作和生活压力导致身体出了问题，做了手术。当在病床前相见那一刻，两个常年分居的爱人都静静地望着对方，就像当年生儿子时那样。“都说做军嫂是一种牺牲，她不仅要努力工作，还要替我尽孝，关心父母，这个家还得她一个人撑着。家里的每一处都是她精心布置的，你看电视机旁那些——”记者顺着许益民的提示，发现电视机两侧各摆放着一组造型精致的陶瓷动物。“我就喜欢买这样的‘一家三口’装饰品，看，这一组是鹿，这一组是大象。他和儿子都在部队，我有时就坐在这儿，虽开着电视，却在看着它们，想着我们三口人在一起的点滴，就觉得生活真美。”赖燕丽没有过多提及自己的病痛，轻言细语中更多讲述着工作和家庭。

让许益民备感欣慰的是，儿子在妻子的教育下越来越懂事。许悦 3 岁后，进了部队幼儿园。一次，爷爷陪许悦玩，许悦喝完一罐饮料，爷爷一时找不到垃圾桶，就顺手把空罐放在身边的水泥花坛边上。“爷爷，你不讲卫生，不文明，妈妈说要找垃圾桶丢垃圾的。”爷爷看许悦一副小大人的样子，赶紧把空罐捡回来，抱着他一起去找垃圾桶。这天回到家，老人高兴地对赖燕丽说：“今天我一个老革命，被小孩子给教育了。”

男孩毕竟有淘气的时候，一次许悦在学校做了错事，赖燕丽知道后，很生气，但她知道，无论如何，暴力不是解决问题的好办法。于是，她拿起衣架，一下下打在家里的沙发上，一旁的许悦看着妈妈，怯怯地说：“妈妈，我惹你生气了。”看着儿子的样子，渐渐冷静下来的赖燕丽就心平气和地和儿子讲道理。之后，每次和儿子谈心，赖燕丽总有种特别的感觉，自己既是母亲，又要有父亲的威严，她越发明白，悉心育子就是对远方丈夫的思念和等待。

军歌嘹亮，记忆中流淌的不变旋律

2000 年年初，许益民从驻港部队回到广州郊区的部队担任主官，身上的担子重了，工作也更忙了。为支持丈夫的工作，赖燕丽放弃了在机关的工作岗位和前途，主动调到离丈夫工作地点近一些的地方，在海珠区官洲街道办事处当了一名普通干部。

“你是机关干部啊，却成了每天要戴红袖标的‘社区大妈’，还得从头做起。”有好友替她鸣不平，赖燕丽说：“只有这样，我们这个‘军人之家’（赖燕丽是驻穗预备役部队的军官）三口人才能靠得更近。”其实，走上新的

帮扶村的贫困残疾户每次看到赖燕丽，都不停地说着感谢的话

工作岗位后，赖燕丽才发现，街道工作远不是人们想象中那么简单的："有一首歌说'家是最小国，国是千万家'，街道工作就是联系这千万家的桥梁，要想真正干好，让辖区的每一户家庭都体会到党和政府的关心和温暖，不容易。"

就在记者去采访的路上，看到赖燕丽新发在微信朋友圈的3张图片。多年的出色工作，她已由街道的普通干部升任为正处级调研员，特别是分管的工疗站，倾注了她大量心血。她给朋友圈的3张图片配文："俯下身子，呵护关爱，用爱心、真心、耐心和他们交朋友。"图片中，赖燕丽与工疗站那些自食其力的智力缺陷人员、残疾人等开心地交谈着，特别是第二张图片，她与对方笑得开心极了。"我每次去，他们有的张开双臂说'赖书记抱抱'，然后我就一一拥抱他们，给他们鼓励。每当我遇到困难和各种压力时，和他们在一起，心里就充满希望，很感谢他们给予我的能量。"

可这个家的团圆时间还是太过短暂，2012年高考，本可选择出国或是上地方大学的许悦，毅然选择了心中向往的军校——海军工程大学。军校与地方大学相比，就是两个字——艰苦，但许悦为了让父母放心，总是报喜不报忧。刚上大一那年，许悦就生病了，但每次和妈妈通话，他都瞒着不说。没多久，许悦放寒假回家，赖燕丽煮鱼腥草凉茶给他喝，谁知，许悦刚闻到那股味道就受不了，难受得想吐。赖燕丽追问，他才说："我之前生病了，在学校已经喝了3个月的用鱼腥草熬的药。"

这件事，让赖燕丽和许益民开始有些放心不下儿子了。有一年冬天，他们偷偷跑去学校看他。当时，正好轮到许悦站岗，看到寒风中的儿子挺拔地站在哨位上，像一座雕塑，赖燕丽心疼得眼泪在眼眶里打转，许益民也很难过，但他更多的是替儿子感到骄傲。在军校几年，许悦不但入了党，还竞选上学校学员记者团副团长，"训练标兵"等奖状证书拿了一摞。毕业分配时，他毕业总评排名第一，可以优先选择工作单位，面对大城市大单位的"诱惑"，他却偏偏看中条件艰苦的海岛部队。"小时候，跟着我父亲踏足过那方岛屿，就想着哪天也能接过父亲的接力棒，让自己来守护它。"许悦对自己的选择充满自豪，"我曾写过一篇文章发表在《人民海军》报上，说我父亲也许不是一个合格的父亲、合格的丈夫，但他肯定是一名足够优秀、足够称职的老海军。能到父亲当年战斗生活过的地方锻炼自己，是我的荣耀！"

许悦在说"足够"二字时，望向父亲的目光坚毅且充满仰慕。的确，作为领导，许益民一次次面对"人情关"都泰然自若，不管是战友孩子入伍复检不合格，还是同乡孩子在部队犯错误，他就回复一句话："按原则办！"记者在小区门口登记时，保安一听"到许益民家采访"，就脱口而出："许政委，好人啊！"2017年，许益民从部队退下来，与全军其他106位专家一同被聘为首批军委军事训练监察员。

儿子去守海岛，赖燕丽和许益民心里清楚，这个家又要进入分离状态了。果然，许悦工作后的连续两个春节都在岛上度过。作为干部的他，每年除夕夜都主动请缨替战士站岗。一个跨年夜，他坚守岗位，看着天空的烟花，内心无比感慨。站完岗，他还要去战士们的宿舍检查，忙完已是两三点，这才有空拿起手机，通过微信给父母拜年。令许悦惊喜的是，父母还没睡，他们

团聚时，爱好书法的许益民就会邀请妻儿评品一番

还在家里等待他的音信：“儿子，你好不好？战士们好不好？”那一刻，父母的关怀和牵挂，让许悦激动不已——儿时，他盼着父亲归来一家团聚；现在，父母盼着他归去……

不过，相比多年前，这个家团圆的日子还是多了。赖燕丽建了个家庭微信“党支部”，名为“许连长群”，儿子是“连长”，父母两名老党员都听他“指挥”。那次，赖燕丽在群里发出为街道帮扶村的小学做点什么的倡议后，得到全票通过，他们决定拿出 5 万元捐建“爱心电脑学习室”。说起扶贫，赖燕丽与它有着不解之缘，1991 年她成为广州市第一批农村社会主义教育工作队的年轻队员，被派往增城县派谭镇开展扶贫工作近一年时间。现在，她又在街道分管扶贫工作，一年多内，赖燕丽每月都要抽几天时间，驱车前往 500 公里外的帮扶村，帮村民脱贫解困。得知村里的一名贫困生考上大学后，她不但在资金上给予帮助，在他上学后遇到寒冷天气时，她还专程把棉被和生活用品送到学校。

2018年2月7日，是赖燕丽和许益民结婚30周年纪念日。“许连长”发号施令，三口人去吃了顿自助餐，开心之余，他们又唱起了那首流淌在记忆中的军歌《我爱这蓝色的海洋》：祖国的海疆有丰富的宝藏，我爱晴朗辽阔的海空，英雄的战鹰在展翅飞翔……

服装设计师赵卉洲：传承民族特色，走向国际舞台

口述：赵卉洲　整理：王　娟

赵卉洲：中国十佳设计师、2014 年 APEC（亚太经济合作组织）领导人服装设计师、EACHWAY（艺之卉）时尚集团首席设计师。多次作为中国品牌代表参加国际时装周，曾在中国国际时装周上获得“第 14 届中国十佳时装设计师”称号和“2011 年度女装设计奖”等，2018 年荣获第 22 届中国时装设计“金顶奖”。

如果说年轻的时候，我向往国际化，那么，随着岁月的流逝，我渐渐明白一个道理：好的设计需要匠心，非物质文化遗产是中国匠心的真正所在。中国设计想要再上一个台阶，需要有自己的文化和语言。中国时尚的未来，不是做很国际化的服装，而是要传承中国的文化和中国情结。

——赵卉洲

怀揣梦想，昂首走向米兰时尚舞台

2015 年 9 月 25 日，米兰时装周。我的首秀“记忆的空盒子”引起轰动。不但国际买手、时尚界人士、米兰时装周官方代表，以及中国驻意大利大使来了，而且很多在意大利求学的学生也来了，人多得连落脚的地方都没有。

从前人们谈中国的文化故事，总爱提陶瓷、苏绣等古老的东西。这一次，我试图从一个设计师的角度来阐述中国故事，去思考文化记忆的遗失与对记忆的打捞，从而为世界找到一个新的角度去重新认识中国，去体会一个有温度的中国。

在“记忆的空盒子”系列作品里，我将剪纸这门中国传统手艺运用于设计之中，线条柔软且流畅，面料上的花朵立体且生动，又不失清素雅致，如中国式的写意画般，神魂皆备。同时，我还加入了汉绣等中国元素。比起意大利人常用的华丽刺绣，汉绣更加工整、清淡、飘逸，自带隽永的韵味。

在发这场秀的入场券之前，我还很担心，第一次来米兰办秀，国外的观众又不认识我，人数不多怎么办？大秀当天的景象真是出乎我的意料。当灯光渐渐转暗，优雅的旋律响起，数台聚光灯徐徐从四周大理石塑像上扫过，聚焦在穿着彰显东方美学服饰的西方模特身上。我站在后台，透过前场监视屏幕看到秀场高朋满座，听到一阵又一阵热烈的掌声，眼泪在眼眶里面打转，激动得要哭了！

“记忆的空盒子”讲述了中国老百姓的时尚，也是我的亲身经历。我生于 20 世纪 70 年代。那是一个物质缺乏的年代，妈妈踩着泛着黄褐色光泽的旧式缝纫机，为我们缝衣服、补衣服。

虽然铺天盖地的灰色、军绿色和蓝色让生活显得有些枯燥乏味，但是每当春节临近，妈妈总爱剪些红红的窗花，小心翼翼地贴在窗上。那些样式不一、有着巧妙留白的窗花装点了我童年里的每个冬天。窗外的白雪有时候飘着飘着，就落在窗棂上，白色配红色，煞是好看。妈妈也爱做些家用的刺绣。红线成花，绿线落成叶子，细细地绣。妈妈的手工作品都放在一个盒子里，那是我童年的宝贝盒子，可以做很多很美的衣服。

她的每一场时装秀都必须精心准备，惊艳亮相

我常做一个梦，梦见我爬上柜子找童年时藏满了宝贝的盒子。有一次我翻到了，迫不及待地打开它，却发现所有的宝贝都不见了，盒子里空空如也。我急哭了……如今，我成了著名的设计师，迫切想找回那个装满记忆的盒子。所以，这次秀的主题就叫“记忆的空盒子”。

母亲放入我的记忆盒子里的宝贝，是我一生最宝贵的财富。她爱美，喜欢把我们打扮得漂漂亮亮的，但是家里没什么钱，她就自己学做衣服。后来，她做出来的衣服经常得到左邻右舍的夸奖。母亲是艺术专业的师范生，在中学教美术，同时又喜欢写作，曾在业余时间读了大学的中文专业，又成为语文老师。

要供养三个孩子读书不容易，母亲为了供我们上学，辞掉了中学教师工作，开了一家裁缝铺，起早贪黑地忙碌着。因为我从小喜欢画画，她便把我送到当地最好的美术培训机构上课，这一学就是七八年。这笔费用在那个年代真的不是一笔小数目。高考前我在湖南株洲，她觉得学艺术还是长沙更好，就把我送到长沙去读，她在学校旁边租房陪读。现在想想，如果不是妈妈这么培养我的话，我可能就没有今天的事业了。

大学毕业后，我怀揣着梦想，只身一人，一腔热血来到深圳，一门心思要实现自己的设计梦想。我还想着赶快赚钱，补贴家用，让母亲不用那么辛苦了。

1997 年，我在深圳创立了自己的品牌“艺之卉”。当时我没有资源，没有背景，也没有钱，唯一有的就是一腔热情。我在华强北开了一间 10 平方米的小店，跟从自己心目中的设计理念——简单、优雅，为气质女性打造形象。我每天都是披星戴月，晚上快 10 点才回家。但我很开心，能做自己喜欢的事，是天大的幸福。

慢慢地，越来越多的人喜欢我的设计，要求我开店。从此，我的店越来越多，在每个城市的商业区、购物广场……我成了著名的时装设计师，我的品牌被人们熟知，出现在国际时装周上。

2014 年，有一种美叫 APEC 气质

2013 年 12 月的一天，我接到中国服装设计师协会发来的邀请函。官方首次邀请国内设计师参与 APEC 的服装设计。早在 2001 年，APEC 在上海举办，当参会的经济体领导人穿着唐装亮相上海时，我的内心无比激动。在我眼中，唐装不仅仅是一件“会服”，它以强烈的民族象征承载了当时中国文化发展的意境，是展示当时中国社会文化发展和精神风貌的一个窗口。

2014 年 APEC 是中国展现自己实力的良好契机，为领导人设计服装，是包括我在内的所有应邀设计师的责任和荣誉。手中这份邀请函，虽只有几页纸，却感觉有千斤重。

我在兴奋之余，也感受到了从未有过的挑战。我把公司最优秀的人才聚集到一起。因为出品一件完美的华服，不是一己之力可以实现的，它势必是一群人的智慧和劳动结晶。对于本次 APEC 领导人服装的设计，我坚持两个主旨：一是展现领导人的风范，强调一个大国形象、民族自信的领袖思维，这是设计的核心；另一个是百姓思维，希望大众都能体会到 APEC 服装的美感，

2019 年 3 月的米兰时装周，她的“筑造”主题秀引起很大反响

让高端大气的美感有一个平凡的优雅回归。

时间非常紧迫。洗漱、吃饭、去公司的路上，每一分每一秒，我都在想创意，打腹稿。样稿设计中，每每描绘出一个样案，我的嘴角都忍不住上扬。在纸上呈现的不仅仅是一件样衣那么简单，对 APEC 寄寓的美好愿景也从一个个民族符号中流露出来。

2014 年 5 月下旬的一天，我路过设计室附近的一间咖啡厅，厅外的木栏内生长着不知名的小花，一团团一簇簇地竞相开放，嫩黄的花蕊悠悠地吐露

2019 年 9 月的米兰时装周，她的“中国名伶”惊艳全场

着芬芳。那一刻，我的心底微微一颤，顿时来了灵感——用朴素的循环花型去表达繁花似锦之美，不富丽堂皇却那样令人留恋。我在旗袍、披肩等服饰的多个部位点缀了凤纹花样，而在袖口、领口以凤纹花样的循环花型相映衬，给人以妩媚婉约之感。

在领导人及其配偶的服饰中，我们还运用了水波纹纹样。水波纹和中国上善若水的道德文化息息相关，被赋予了厚德载物、海纳百川的寓意。另外，水波纹还有着和谐统一、百姓安居乐业的寓意。

赵卉洲为2014年APEC设计的“新中装”

2014 年 8 月初，我们的团队经过层层选拔，最终进入 APEC 领导人服装设计的核心团队。当时，我激动兴奋的心情简直难以言喻。

在为太太团设计服装时，我主要以素雅色系为主，如传统的藏青、牡丹红以及浅杏色。在廓形设计上，选用目前最流行的极简大廓形风格，不仅简约大气，且对不同体形的包容性较好。我更注重在融入民族元素的同时，通过现代化、国际化的设计手法，并考虑太太团不同的民族文化背景、个人喜好等进行元素的融入和创新，让太太们都有自己的个性和独特的魅力，体现不同的女性之美。

2014 年 11 月 10 日，秋冬之交的北京，层林尽染。水立方的蓝色梦幻、鸟巢的红色热烈，与 APEC 的霓虹会标交相辉映，构成了一幅多彩画卷。APEC 经济体领导人的配偶们穿上“新中装”，一起步入宴会大厅。湖蓝、藕粉、绛红、咖啡色等色的中国服饰，与中国山水环境的布景融为一体，和谐完美。

用心生活，将非遗手作传承下去

一个女人，不仅要有事业，有梦想，有社会责任感，还要有生活，有家庭，有爱。

2004 年 7 月，32 岁的我去上海出差，突然牙痛，就吃了很多消炎药止痛，当时并不知道自己已意外怀孕。家人都建议我把孩子打掉，但我却认为这个孩子是上天赐予的。我坚持每周去医院做 B 超检查，排除了孩子有脑瘫和弱智的风险。但孕中后期，我需要保胎 4 个月。听到这个消息，我心中一紧，还有那么多工作要处理，哪能整天睁着眼睛躺在床上？最后我和医生商定，上午去公司上班，下午到医院卧床保胎。

2005 年 5 月，我生下儿子。没等到儿子满月，医院一纸病危通知书就下来了。儿子患了肺炎，整宿地咳嗽，高热到 40 摄氏度，小小的脑袋上压着一块冰块来降温。拿着病危通知书，我的内心充满恐惧。孩子迎来的第一个六一儿童节是在医院度过的，而且生死未卜。看着儿子虚弱的小脸蛋，我非常揪心。所幸，经过 3 个月的治疗，孩子终于转危为安，出院回到家中。

随着公司的发展，我越来越认识到自我提升的重要性。2009 年，我一边在深圳经营公司，一边去上海中欧国际工商学院攻读 EMBA（高级管理人员工商管理硕士）。7 月，我再次怀孕。身为高龄产妇的我奔波在公司和学校之间，家人都很担心我和孩子的安全，建议我暂停 EMBA 课程。但我还是坚持了下来，每次都是自己一个人从深圳坐飞机去上海。

2010 年 5 月，我生下小女儿。生完孩子后我痛得死去活来，检查后才发现是肠道出了问题。丈夫在一旁握着我的手安慰和鼓励我，希望能减轻我的痛苦。我在 20 多天内全靠营养液维持生命，医生也要求家属做好最坏的思想准备。全家人都陷入了惊恐之中，生怕我出现意外。一个月后，顽强的我再次闯过鬼门关，被人用担架抬上车送回家。

如今，两个孩子都很健康。我经常带他们去看时装秀，也会设计一些亲子装。周末的时候，一家人穿着亲子装开开心心地出去玩耍。因为工作忙，我没有足够的时间陪伴他们。我觉得教育孩子，更多的是引导加榜样的作用。我的两个孩子独立性都特别强，而且善解人意。比如我刚从米兰回来，每天都要在公司加班，女儿就过来陪伴我。我们常说家长陪伴孩子，为什么孩子不能陪伴家长呢？女儿在陪伴我的过程中，会感受到设计美学，也能感知我工作的辛苦，她会给我倒水，帮我订餐。这些小事让她觉得特有成就感，也让我深感幸福。

女儿是赵卉洲的贴心小棉袄

我对幸福的理解是，第一是做自己喜欢的事业，拥有自己的品牌，这是特别让我自信的地方。第二是幸福来源于美满的家庭，有儿子，有女儿，有疼爱自己的丈夫，有一个非常幸福的家庭。事业上的幸福与家庭的幸福于我而言都很重要，缺一不可。

2017 年夏天，我去贵州南侗地区采风。绚丽的挑花蜡染、多彩的民族服装和精美的刺绣，让我过目难忘。与都市人赶时髦不同，那里村民的穿着仍保留着古朴的传统，纯天然手工制作，从织布、植物染色到组织纹样，虽然制作缓慢，过程却令人身心愉悦。侗族随处可见的靛蓝所带来的那份静谧，与乡村的山、树林，甚至是空气和风，形成一种自然而奇妙的感觉。

向西方时尚取经 20 年后，我意识到，中国设计想要再上一个台阶，需要有自己的文化和语言。中国时尚的未来，不是要追求国际化，而是要传承中国的文化和中国情结。

如果说年轻的时候，我向往国际化，那么，随着岁月的流逝，我渐渐明白一个道理：好的设计需要匠心，非物质文化遗产是中国匠心的真正所在。这些宝贵的手工艺正在加速流失。保护它们，传承它们，让更多的人看到它们，是我作为一个设计师的社会责任所在。所以我成立了公益平台“卉基金”，举办“非遗”公益展，去贫困乡村开展“非遗”公益课堂。

现在不是终点，而是一个故事的开始。所以如果你看到一件透明的薄纱上衣带透净的性感、一种淡雅的玉兰纹样牵出高贵的缠绵，或是在廓形中加进了运动的标签，在优雅的格调中加进了闲适的感觉，那依旧是我，那个想一直做时光中的经典女人的赵卉洲。

科大讯飞杜兰：我家三代人的美好世界

口述：杜 兰　整理：邓宝君　欧阳可翀　题图摄影：林 山

杜兰：科大讯飞股份有限公司高级副总裁、科大讯飞华南公司总裁、科大讯飞华南研究院董事长，华南理工大学系统工程博士，管理学博士后，高级经济师。现任广州市政协委员、广东省智能创新协会会长、广东省青联常委、广东省青年科学家协会常务理事，受聘为华南理工大学、暨南大学讲席教授、硕士生导师，中山大学兼职导师。入选“福布斯中国科技女性榜单”，被评为中国ICT（信息和通信技术）产业十大经济人物、广东省十大经济风云人物，荣获“广州榜样”年度人物、南方周末年度先锋人物等称号。

2015年，我离开从事15年的通信行业，成为科大讯飞在一线城市践行“AI（人工智能）+应用”落地的“拓荒牛”。

科大讯飞“用语音点亮生活”这条路走了20年，技术要“顶天”，应用要“立地”，前景大有可为，我既兴奋好奇，又充满热爱与责任感，想用科技帮助人们改变生产生活方式，于是开启了这段奇妙的AI探索之旅。

未来，科大讯飞会继续做一个攀登者，坚定地走在人工智能道路上。对于在新时代追梦的我来说，这是一份时代责任，正如参加过红军二万五千里长征的外公那样，满腔热血而执着地努力，为中国梦、为我们的美好生活贡献自己的力量。

每一个中国人心中都有一个美好世界。对我来说，祖辈的美好世界，是革命主义情怀；我辈的美好世界，是以奋斗者为本，创业时胸怀一颗钻石心；而下一代，他们的美好世界，我期待是通过人工智能的帮助去建设一个更有创造力和拥有无限可能的伟大时代。

——杜兰

童年有爱，埋下一颗梦想的种子

我1976年8月出生在安徽合肥，是“狮子座”的尾巴，连着“处女座”的头，追求掌控与完美。

生在不同年代的人，有着不同的时代使命，我的祖辈是凭着革命的情怀去建设美好世界的。

我外公是一名老红军，14岁就在江西老家参加革命，当时是个“红小鬼”。外公参加红一方面军，经历过二万五千里长征，后来组织派他参与黄山市的建设，住在市委大院里。大院里的人像一家人，经常互相往来。

记得在我小时，外公家里有很大的平台，平台上有99盆花，有好几条狗和可爱的小白兔，还有大鱼缸养着各种鱼。每年寒暑假，我都是“无人陪伴儿童”，于是就坐飞机或搭顺风车回到外婆家度过。我一来，那几个“小萝卜头”表弟也都来了，外婆家就成了儿童乐园，我就自然成了“园长”。春天，我们在平台上种花，在山上种树；夏天，我们在鱼池里捞鱼，还拿水龙头在上楼的必经之路埋伏，欢快地打起水仗；秋天，平台上的小橘树结了很大的橘子给我们玩；冬天，过年时，周围几栋楼的人都在看我们家平台上放的漫天烟花。

从小学到高中，我都是班长，读硕士研究生期间还担任广东省学生联合会执行主席。一直以来，我的学习成绩不错，这和外公的殷切叮嘱有关。我每次回去，他都会用浓浓的江西口音重复一句话：“你要好好‘消息’（学习）。”外公是个很自律的人，每天早上锻炼后，他都戴着眼镜看《半月谈》《红旗》等杂志，这应该是我的企业管理理念“严格是大爱”的启蒙。

我的外婆曾是一名随军医生，年轻时相貌不亚于电影明星，所以她生的几个女儿都很漂亮，我最开始是从她们身上看到女性勤劳和美的力量。外婆待人特别热情，哪怕常在门口扫地的人，她看到了都会问一句“吃早餐了

85 岁的外婆获国家颁发“庆祝中华人民共和国成立 70 周年”纪念章

没有”，如果对方没有吃就招呼到家里来，端出刚蒸好的馒头和磨好的豆浆请他们吃。外婆现在 80 多岁了，每天还坚持走半小时路，满面红光的。她嘱咐我们这些晚辈，她在百年之后，要把遗体捐献给国家。像外公外婆这样的老革命，出身都非常艰苦，后来各方面条件好了，他们非常感恩，很愿意去帮助别人。

我的外公外婆来自革命家庭，我的爷爷奶奶则受中国传统儒家思想影响很深。

爷爷读过私塾，年轻时是一名会计，治家治学的作风都特别严谨。比如吃饭前大人没动筷子，小孩就不能吃；吃饭时人要坐正，椅子不能歪。爷爷注重读书，他整天说：“万般皆下品，唯有读书高。”爷爷家二楼有一个藏书阁，要爬几级木楼梯才能够得着，平时是不让我们这些孩子上去的，我们有时候爬上去打开，只见里面都是竖版繁体字的书。

这个特别崇尚读书的家庭，培养出以文化为荣耀的价值观。到现在，我叔叔经常写回忆文章，我爸爸出去旅行也会写散文游记，他们都受过比较浓厚的文学熏陶。我的奶奶情商特别高，周围的人都很喜欢她，街坊们都选她当组长，自愿以她为首，哪家闹矛盾，或者有个什么想法都来找她商量。

外公外婆和爷爷奶奶都长寿，他们陪伴着我成长。我的童年和少年时光，一直感受着满满的爱，这也铺就了我的性格底色，就是特别心里有爱，很关心别人。

我曾经想过记下这个庞大家族的所有事情，那些让《激情燃烧的岁月》都会逊色的真实故事中，有我幸福的童年。

记得小学三年级时，我写了一篇作文《我的理想》，说自己长大后想当一名科学家，当时还被班上一些调皮的男生做鬼脸嘲笑。倔强的我，那时就告诉自己要更加发奋读书，因为我想实现当科学家的梦想。

1999 年，我去北京人民大会堂领奖，认识了同来领“中国大学生五四奖学金”的安徽代表刘庆峰，乡情乡音，让我们成了朋友。当时 26 岁的刘庆峰正在中国科学技术大学读研究生，他满怀抱负，带领十几名心怀语音产业理想的师兄弟创立了科大讯飞。他说：“为什么这么多人才要去外企，或者出国，去遵从别人的规则？为什么不能建立中国人自己的规则？”刘庆峰比我大 3 岁，

2016 年 10 月，董事长刘庆峰（前排右二）参加科大讯飞华南公司一周年生日庆祝活动

他的视野和格局让我敬佩。我一直记得他说的话：“中文语音技术应当由中国人做到全球最好，中文语音产业应当掌握在中国人自己手中。”

和刘庆峰的这次畅谈，让我感受到了创新科技的魅力，也成为一个序曲——16 年后，我们一起在北京国家会议中心的科大讯飞年度发布会上，向世界发出中国人工智能企业的最强音。

驭风逐梦，锲而不舍的奋斗者

2001 年硕士毕业，2002 年刚工作几个月，我就开始攻读华南理工大学的系统工程博士。

备考的那段时间，家人看我整天扎在书堆里就提议一起出去散散步，我拿着新买的相机出门。走到中大北门，看到很多人在放风筝，我抬起头想拍照，但满脑子都在想着怎么解题，突然就“扑通”掉进一个坑里。那次，我的膝盖伤得不轻，有半年都不敢穿裙子。那段时间的埋头苦读，至今想起来都觉得很自虐，但获益匪浅。

我25万字的博士论文是经过两年调研后集中精力花了四个半月完成的，苦读的情景历历在目：那段时光，每天早上8点我准时坐到书桌前，一直到次日凌晨1点多，桌子边铺个睡袋，累了就休息一下；130多个夜晚闭门不出，一边是窗外的万家灯火，一边是刚出生的女儿。

博士毕业后，受全球供应链专家、时任香港中文大学教授赵先德先生的影响，我又进入了博士后工作站，花了3年时间，做完“网络环境下的服务创新与管理”研究，顺利出站。

与此同时，在工作上，我也完成了从“菜鸟”到管理者的职场成长。

15年的通信行业生涯中，我先后加入了中国电信、中国移动，在这些名列世界500强的国企中工作，我视为在“特种部队”中训练，痛并快乐着。这段岁月让我终身受益。年轻的时候遇到好的平台太重要了，它可以让你知道什么是好的制度、好的标准、好的方向。从品牌专家到筹建集中化运营基地和移动互联网基地，我完成了职场转身，经历了广东通信事业从起步到腾飞再到转型的全过程。

2015年，我决定和过去告别，加入科大讯飞这支“梦之队”，赋予生命一个华丽的转身。这年6月，我正式加入讯飞，分管集团品牌战略建设、人工智能创新方向孵化和人工智能+产业等，并担负起为科大讯飞在粤港澳大湾区布局的重担。

当我来到讯飞，来到全新的岗位进行开拓的时候，发现面临着全新的挑战。而我的想法是，改变从一点一滴的当下开始，从我身边开始。就像大海的海底深处，它总有礁石、淤泥，那么我就从自己能触碰到的礁石开始，改变自我，改变身边的人，改变我们接触到的事情，慢慢地让一切越来越美好。

而在这个过程中，“训练有素”这项特质特别重要。我曾经向员工推荐过一部谍战剧《伪装者》，胡歌饰演的明台在特工训练营里经历过无比痛苦的特训——由于不遵守制度，他面临生死搭档被枪决、自己几乎丧命的极端考验。体能上的折磨、智力上的挑战、能力上摧毁式的打击、人性的磨炼，经过这些训练才能成为优秀特工。我很认可这种管理理念：“对于有担当的管理者，他的一个重要责任就是把下属从愚昧之巅推到绝望之谷，至于他能否爬上开悟之坡，就看个人造化了。”

2018 年，科大讯飞 EMT（经营管理团队）成员来华南考察，杜兰（左五）是核心高管班子中唯一的女性

在战场上，一个闪失可能会导致一群战友的死亡，而在商场上，一旦掉链子，就可能让竞争对手抢占先机。道理是相通的，职业成长也要经历异常严格的训练，最终那些拥有坚定信仰的人才能过关斩将。

圆梦未来：人工智能让更多家庭充满 AI

在团队的培养上，从一开始我就要求员工养成良好的职业习惯，这是一个很痛苦的过程，因为随意、马虎、舒服是天性，违背天性的事情要花力气去改，对这种改的必要性要有充分的认识，没得商量。工作中，我对自己和对员工都严格要求，有次试用公司的新产品测试版，我一下提了 50 多条意见，员工说我的眼睛是“X 光机”。

在我看来，优秀应该是一种习惯，一旦认定要达到心中的标准，就不会妥协或放弃，对孩子的教育理念也是如此。

孩子所有战略性的选择，我都会给建议，包括读什么书、交什么朋友、学什么课程、穿什么衣服、应该有什么样的审美眼光，这些都是我要教她的。

孩子四岁半就开始学钢琴，我的观点是：孩子一定不会喜欢的，但是，相对专业一点的训练都是枯燥的，在她感到枯燥的时候我会给她鼓励，甚至有时候非常“残酷”地替她做决定。有毅力的人才会延迟满足，我希望她能慢慢养成习惯，在以后空闲时可以陶醉其中。

前两天我听到女儿对她爷爷说，她正在悄悄练习一支八级曲目，是莫扎特的《土耳其进行曲》，“我希望能给妈妈一个惊喜，她最喜欢这首曲子”。我为此特别感动。

今年暑假，女儿参加了钢琴、芭蕾和围棋等 8 个兴趣班，我以为她会学不过来，但她什么都愿意学，而且学得挺好，这些“枯燥”的学习就是综合素质训练。我希望为孩子打开很多扇窗户，让她看见外面的世界，找到自己的爱好，长大后不感到遗憾。

从小到大我都是“运动差生”，从去年开始却成为一名跑步爱好者，我们公司成立了一个“爱马士”跑团，我请来一名专业跑者做跑步顾问，固定在每个周五下午“一起跑”。我们两位“两百斤”的副总裁都加入进来，女儿不上课的时候我也会带着她和我们一起跑。我期待我们的状态就像跑团的名字那样：热爱跑马拉松的人士在一起，把生活过得像爱马仕一样精彩。

杜兰和母亲、姨妈、女儿一起度周末

良好的体能，给了我奋斗的“本钱”，让我即便超负荷工作也有充沛的精力。无论工作多忙，我都坚持给学生讲课。在中山大学、华南理工大学、暨南大学等高校的讲席教授和硕士生导师的学术身份，我倍加珍惜，无论在科技领域走得多远，我都不曾远离学术圈。

在用人工智能建设美好世界的征途上，我看到越来越多简单重复的事情可以让机器去做了，而我们人类就可以做更多更有价值、更有创造力的事情。我特别期待女儿长大后的世界，那是人工智能变成人类的“超能力”，帮助人类发展爱的美好世界。

通过我们的努力，让山村的孩子们能够讲出一口地道的英语，享受到智慧教育的公平；让老百姓通过我们的智能社管平台足不出户就能办理多项业务，享受到智慧城市的便利；让医生借助门诊语音电子病历系统，解放他们的双手，享受到智慧医疗的效率，这些都是非常有价值的事情。我相信，比人类更强大的并不是 AI，而是掌握了 AI 的人类。

杜兰和父母、女儿在丽江旅行中

杜兰接受记者组专访（摄影：张艳芬）

2019 年 3 月，我出席博鳌亚洲论坛 2019 年年会。开幕式当日，我受到中共中央政治局常委、国务院总理李克强的亲切接见，并受邀出席了李克强总理的对话会。这让我深切感受到了祖国改革开放的坚定决心，它的未来会越来越好。6 月，G20 峰会期间，我受邀赴印度、泰国、日本等国家展示中国的人工智能领域的最新进展：目前科大讯飞掌握的语音合成、语音识别、机器翻译等人工智能技术都已处于国际领先地位。

在这个伟大的时代里，我有幸成为人工智能科技革命的参与者与见证者，通过技术的力量一点一滴去改善国计民生。选择了人工智能事业，就是选择了做一名风雨兼程的赶路人，做一名永不止步的攀登者，内心的热爱将会转化为星星之火，在未来的日子里，让 AI 之爱燎原，让国家和每一个人都因 AI 而能。

童年记忆

新中国成立以来，党和国家一直把亿万儿童的健康成长作为国家的根本大计，不断为儿童事业的发展创造良好的条件和环境。新中国一代又一代的少年儿童，如春天中娇艳的花蕾，浸润着社会主义的雨露，在快乐中茁壮成长。

当童年的记忆逐渐模糊，我们会发现同一代人里仅存的印象深刻的物与事竟是那样的趋同。这是属于一代人的宝藏，也是一个时代的符号，时不时地翻涌出来，引发一代人的共鸣，坚定一代人的初心。

一代又一代的童年记忆如同照片的迭代，日益精彩。当有人还为午夜梦回时看到竹蜻蜓、小人书而绽放出快乐的笑容时，孩子们已经玩上了无人机、智能机器人；当有人还在哼唱《让我们荡起双桨》《童年》时，孩子们已经不愿意唱《双截棍》……新时代的到来，带来了丰裕的物质和精神生活，也给了孩子们一个迥异于前人的童年。这是新中国一代代人努力的结果，也将推动着新一代去开创更美好的未来！

童车

20 世纪 70 年代，马路上汽车不多，妈妈放心地推着坐着两个孩子的童车逛街（Paolo KOCH/ 视觉中国）

20 世纪 70 年代，市面上专用童车极为少见，木头做的童车是最为常见的。孩子坐在父亲为他做的小车里，快乐自在（Paolo KOCH/ 视觉中国）

课堂

从“向科学进军”到科教兴国，科技政策一直是国家的大政方针。从小学起，孩子们就要学习基本的科学知识。图为小学生在老师的指导下做简单的电路实验（Francois LOCHON/ 视觉中国）

20 世纪六七十年代，小学课室里，孩子们双手整齐地叠放于双人书桌前认真听课。男女生同桌是不成文的规定，桌上经常可见男生和女生画的“三八线”（Francois LOCHON/ 视觉中国）

文娱表演

20 世纪 70 年代至 90 年代初，手风琴演奏成为一种时髦。很多家长选择手风琴作为培养孩子音乐素养的乐器（Raphael Gaillarde/ 视觉中国）

对于学生来说，学校的文艺节目汇演是一件很隆重的事情，能登上舞台表演非常光荣(Folco Quilici/ 视觉中国)

体育锻炼

新中国成立不久，乒乓球作为“国球”屡屡在国际赛场上为国争光，全民掀起乒乓球热潮。学生们的课余主要娱乐活动就是打乒乓球，简易的水泥球桌常常围得满满的（Daniel SIMON/视觉中国）

20 世纪 70 年代末，广州。每到炎热的夏天，一些胆大的男孩子跳进珠江游自由刺激的野泳 [Carl Mydans/Getty Images/Getty Images SEA Holdings Co., Limited（Editorial）/ 视觉中国]

放学后

20 世纪七八十年代，广州街头。小学生们放学后在小人书摊前全神贯注地看小人书，迟迟不愿回家。在没有电子游戏和动漫的年代，看小人书是孩子们最感兴趣的事情（蒋铎 / 人民图片 /FOTOE）

20 世纪六七十年代，孩子们放学后经常相约在屋外的过道里做作业。虽然条件很简陋，但学习气氛很浓（Paolo KOCH/ 视觉中国）

逛公园

改革开放初，一家三口一起逛公园（Raphael Gaillarde/ 视觉中国）

改革开放初，逛公园的游客中，经常有人背这种人造革挎包（Marie Mathelin/ 视觉中国）

好警嫂唐建蓉：家事再大也大不过国事

口述：唐建蓉　整理：林维兵　马伟强

唐建蓉：广州市天河区前进街文化站站长。她的丈夫杨开林是广州出入境边防检查总站边检处副处长，曾经两度参加联合国派驻东帝汶的维和任务，两次被授予联合国和平勋章。2014 年 9 月，他又受公安部和外交部联合派遣前往中国驻阿富汗大使馆任警务联络官。唐建蓉始终如一地理解和支持丈夫，成就了杨开林这位多次担任维和警察和驻外警务联络官的“国际警察”的事业，也营造了一个温馨幸福的家。2015 年，唐建蓉被公安部、全国妇联评为“好警嫂”。

父亲常说：“国家的事再小也是大事，家里的事再大也是小事！我是军人，任何时候都要把国家和集体放在第一位。”这句话深深影响了我。与其说我的无私付出成就了丈夫的事业，不如说我们是互相成就。我深刻认识到，我们的祖国有多么强大，我丈夫从事的职业就有多么崇高。为此，我有理由成为更好的自己，并全力以赴地支持他！

——唐建蓉

唐建蓉来自四川宜宾，自幼喜爱唱歌，读文学作品。1988 年，唐建蓉在高考中仅以 8 分之差落榜，没再复读便进入家乡一家水泥厂工作。3 年后，她来到广州，以打工妹的身份融入这座陌生的城市。谁能想到，这个川妹子在广州华丽转身，组建了美满的家庭，从事着梦想中的文化事业，也收获了许多荣誉。她说，这一切都来源于骨子里的军人血脉。

我出身于一个军人家庭。小时候，我听到父亲说得最多的一句话就是：“国家的事再小也是大事，家里的事再大也是小事！我是军人，任何时候都要把国家和集体放在第一位。”他是个大嗓门，所以说话总是那么铿锵有力、掷地有声。

父亲是个老兵，是 20 世纪 50 年代第一批进藏剿匪的军人。在那段峥嵘岁月中，他们的任务就是不断地在山岭间搜寻和歼灭土匪。在一次追剿过程中，父亲被土匪扔出的土制炸弹炸伤，耳朵被震出血来。从那以后，他的听力明显下降，尤其是左耳，背得几乎听不见。我母亲总说，我们这个家太热闹，每个人都是扯着嗓子说话，但凡家里议论点什么事，要么像开大会，要么像吵架。

父亲虽说是个军人，却没有留下一套旧军装，也没有留下一张穿军装的照片。1968 年，父亲从部队转业到地方，随即参加一家工厂的筹建工作，所有工作人员和家属都住在厂区临时搭建的牛毛毡棚里面。一天，两个施工员操作不慎，引发了一场大火。看见滚滚升腾的浓烟烈火，父亲第一时间冲进厂里的资料室，进进出出好几趟，抱出了厚厚的设计图和一些办公设备，在他心里，那些都是工厂起家的命根子！而我们家的毛毡棚却在大火包围之下，任何东西都没有抢出来，尤其是父亲放在床头挎包里的珍贵资料也被付之一炬了。面对母亲的心疼和遗憾，父亲扯着嗓子安慰道："都是过去的荣誉和记录，没了就没了吧！"母亲对我说过："你爸爸就是那么个人，紧要关头，先想到的一定是公家的事，国家的事。"

父亲是2008年走的，他跟我说的最后一句话是："工作上的事是大事，别耽误……"那是我唯一一次听到父亲发出那么弱的声音，也是最后一次。在我去工作岗位的途中，他带着欣慰，悄然离去……

从小到大，印象中我有两件事最让父亲开心。第一件事是我入党，父亲得到消息后，在电话里跟我聊了一个多小时，听得出他很是激动，但他放下电话前说的那句话却很严肃。他说："三儿，别以为入了党就是合格的党员了，要想成为一个优秀的党员，你还有很大差距，必须努力！"

另一件让父亲开心的事，就是我决定嫁给一个军人。父亲听完后非常认可我的决定，他说："找军人好！军人有责任、有担当，像你老爸这样的！"当时我心里想，我找的这个军人比你可强多了，他儒雅斯文，说话也温柔。不过，在后来的生活中，我越发觉得他们之间很像。真的不是一家人，不进一家门。我不得不承认，在择偶标准上，我在无形之中参照了父亲的品格。

维和警察是属联合国的警察部队，主要任务是在任务区保护民众生命财产安全、制止违法犯罪、培训当地警察等，由联合国成员国的警察管理最高部门派遣警队组成。自2000年参与联合国维和行动以来，中国已向东帝汶、波黑、科索沃等9个维和任务区以及纽约联合国总部派遣维和警察2614人次，是安理会常任理事国中最大的出警国。2002年联合国在中国选拔警察执行维和任务，杨开林通过了考核，远赴东帝汶。

我的先生杨开林是一名边防兵，后来转制到了公安队伍。他也常说："我是军人，国家和人民必须放在首位。"2002年4月20日傍晚，他跟我商量："我

唐建蓉一家：这是一个不断进取的家庭

通过了联合国的选拔考试，下个月就可能去东帝汶执行维和任务，为期一年。去还是不去，我听你的。”

我纠结万分：能被选中是责任也是荣誉，可以到更高更宽广的平台上施展才华，展现中国警察的精神风貌。如果不让去，或许他会留下一辈子的遗憾；可是让他去，不仅意味着一年的别离，意味着他要去面对不可知的危险而我只能在家里牵肠挂肚，更意味着他将错过我们的孩子的出生，而我将独自面对产前产后的各种困难。对他来说，参加联合国的维和任务，是国家和人民的重托，也是身为警察的职责与担当。可对我这个家属而言，却是极大的考验。当时我已是34岁的高龄产妇，本身又患有高血压……此时我又想起了父亲的话，选择一个警察作为丈夫，不就应当时刻准备着面对这一切吗？不舍也就是那么一瞬间，我对他说：“你去吧，千万要注意安全！”

2002年5月，在我怀孕8个月的时候，他以中国警察的身份踏上维和征程，奔赴动荡不安的东帝汶。丈夫出征后不久的一个雨天里，我在家门口附近的工地外不小心滑倒，路边的旧钢筋在我的腿上深深地划了一条口子。我坐在泥地上，看着血肉模糊的伤口，那一刻真是欲哭无泪。我用塑料袋绑住伤口，挺着大肚子一瘸一拐地向附近的医院走去，一路上，我咬着牙在心里咆哮：“我干吗要支持你？我一个大肚婆，摔死了谁来管？”到了医院，伤口处理完不久，我接到他的电话，那一刻我却没有抱怨，而是平静地说：“这边一切都好！你的工作比我重要，不要考虑我。注意安全，平安归来！”挂断电话，我的眼泪止不住地流了下来……

生孩子时，丈夫不在身边，手术签字只能让我的母亲代劳。由于东帝汶通信条件落后，他是女儿出生两天后才知道的。他在遥远的异域喜不自禁，兴奋地和我商量给女儿取名字，我说：“为了纪念你在国外执行维和任务，孩子就叫‘苇荷’，如何？”“这个名字好！”他的声音带着雀跃。

女儿出生 20 天后得了新生儿黄疸，必须住院治疗。那时不像现在，通过手机就可以叫“专车”“快车”，从家出来到能打出租车的交通要道要步行近 20 分钟，7 月的广州正是炎热季节，我抱着孩子走不了几步就已大汗淋漓。医院病房紧张，家属不能陪床，我只好每天去医院。别人都说女人坐月子期间不能出门，我却不得不天天出门……

丈夫为国“出征”，唐建蓉为家出力，公公婆婆很欣慰有这样的儿媳

为了让丈夫安心工作，生产前后许多的艰辛和不易，我都默默承受下来，没敢告诉他。

丈夫结束第一次维和任务后，2005年组织又一次选派他去东帝汶维和。他再一次出色完成了任务，为中国警察争了光，两度被授予联合国和平勋章、帝汶勋章。

丈夫第二次维和任务结束后回到广州，我们的女儿都快上小学了，我在自己的工作岗位上也取得了很好的成绩。应该说，那段时光是最值得珍惜的，一家人团聚，生活安定而幸福。

爱是成全，更是互相成就。杨开林事业有成，唐建蓉也不甘落后。她一直遗憾自己在高考时发挥失常，未能走进大学校园。在杨开林的鼓励下，唐建蓉完成了广东外语外贸大学英语专业和中山大学汉语言文学专业本科学业，2007年又报考了暨南大学公共管理专业研究生。杨开林早就取得了法学研究生学位，由于周末要陪伴妻子去学校上课，他干脆也报名参加公共管理专业的学习。2010年，唐建蓉和杨开林同时以优异成绩毕业，顺利取得了公共管理专业硕士研究生学位。夫妻同学同硕士，一时传为佳话。

2014年7月的一天，丈夫回来跟我商量，组织上准备派他去我国驻阿富汗大使馆工作，我一下子就愣住了："好不容易才安定下来，你怎么又要驻外……"他低着头说："这些年你太辛苦了，要是你不同意，我可以选择不去。"考虑了许久，我对自己说："真正爱一个人，就应该让他做自己想做的事，更何况这是一名警察的职责与担当。"如果父亲在世，他也会支持我做这样的选择。就这样，丈夫去到了阿富汗，而且一去又是3年。

2015年8月，我获准去阿富汗探亲。到了那里我才知道，在这个不安定的国度里，每天的枪炮声和爆炸声都离开林他们非常近，每一次外出执行任务，他们都是在与死神作斗争。

尽管出国前我已给自己打了足够的"预防针"，但下飞机后等行李时看到的情景还是把我吓了一跳：狭小的机场等候处站满了人，秩序很乱，等了近一个小时，行李仍是未见踪影。终于，丈夫进来帮我找到了行李。坐在使

唐建蓉到达阿富汗时，杨开林与使馆特警战士开着防弹车到机场接机

馆派来接我的防弹车里，透过车窗，仔细看着道路两边的建筑，很多都非常破败，大街上行走的人们衣着也很破旧。见此情景，我在想，喀布尔大概是世界上最落后的首都之一吧？到了使馆，丈夫带着我将使馆的各个区域大致转了一遍，我又一次被深深地刺激了。回到住处，我发了到阿富汗后的第一条微信，写下了下面的文字："我没想到驻阿使馆的生活工作环境是如此艰苦，远超我的想象。为了祖国有一个和平安宁的好环境，无数的驻外工作者无私奉献，甘于牺牲，他们才是真正有大爱的人！"

虽然才不过短短几日，可是我所受到的触动却是特别大，屋外直升机轰鸣声如雷，但我很快习惯了这种声音。从大使到物业工作人员，使馆里所有人身上朴实坚定的国家情怀深深地打动了我！他们没有豪言壮语，有的只是兢兢业业和"国家利益高于一切"的坚定信念！

那些天，我总是喜欢看着高高飘扬在使馆大楼上的那面鲜艳的五星红旗，特别是在远离祖国万里之外，这种亲切感尤其强烈。无数的驻外工作人员，无私奉献，舍小家为大家，正是他们的自我牺牲，才换来了祖国的繁荣昌盛。

他们无愧于这个时代，他们是最可爱的人！我们的祖国有多么强大，我丈夫从事的职业就有多么崇高，我没有理由不全力以赴地支持他！

不知不觉，当丈夫再次回归我们这个小家庭时，女儿已经上了高中。在她成长的过程中，丈夫虽然参与得很少，但是他用自己的脚印拓宽了女儿的视野。前段时间，我发现孩子的书架上有了一些变化，多了一本《正义和勇气——世界百名杰出战地记者列传》和几本国际政治关系方面的书。我不由自主地问及她的理想追求，女儿认真地回答道："我想当一名军人，能够从事战地报道的军事记者。"我愣了一下，笑着说："看来我们这个家，每一代都少不了军人的情愫和家国情怀。"我又想起了父亲常说的那些话：国家的事儿再小也是大事，家里的事再大也是小事！任何时候都要把国家和集体放在第一位！

援外医生陈伟蓉：把光明带给异国他乡的人们

口述：陈伟蓉　整理：刘婷婷

陈伟蓉：1963 年 9 月出生，广东潮州人，中国共产党员，中山大学中山眼科中心副院长，中国著名的白内障专家之一。2013 年至今，为配合国家总体外交战略及广东省政府外事工作，陈伟蓉多次带着中山眼科中心医疗队，辗转万里前往瓦努阿图、萨摩亚、斐济、汤加等多个国家开展“光明行”活动。迄今为止，她所带领的医疗队已经在 8 个国家进行义诊共计 3534 人次，顺利完成白内障超声乳化联合人工晶体植入术 768 例，使这些患者重见光明。时任瓦努阿图代总理亲自接见了他们，当地媒体称赞中国医疗队为南太平洋岛民送来亚太大陆的光明。“中国好人”“南粤楷模”“全国三八红旗手”“最美医生”……种种荣誉和身份，都与她身上朝气蓬勃的气质相融合。

“白求恩同志是加拿大共产党员，为了帮助中国的抗日战争，不远万里来到中国，这是什么精神？这是国际主义的精神，这是共产主义的精神……”这是毛泽东主席写的《纪念白求恩》一文中的片段。白求恩精神一直激励着我们这一代人。幸运的是，后来我自己也成为一名光荣的援外医疗队员，把中国的医学带到了需要援助的国家，帮助异国他乡的人们重见光明。我为我的祖国，也为我们中国医生而骄傲！

未来的日子里，我还会再出发，代表祖国展示我们国家的力量，撒播光明，传递友谊，用爱心架起中国人民和世界各国人民的友谊桥梁。

——陈伟蓉

踏上学医之路

我出生于广东省潮州市，父亲是军人出身。1982 年，我考取了中山医学院（现为中山大学中山医学院），开启了学医之路。母亲说医生这个职业无论在哪个年代都有用，那时候我还年轻，根本没有医学方面的概念，就听妈妈的话选择了这个专业。

当时中国正处于改革开放初期，医疗卫生事业正在悄然发生变化。从过去看病老三样“听诊器、血压计、体温表”，到后来的“B 超、螺旋 CT、血气分析仪”，从“赤脚医生”到顶级专家，从乡村诊所到“航母式的超级医院”……历经了 40 年沧桑巨变，而我也很荣幸地成了这场变革的见证者和参与者之一。

1988 年，大学毕业时选填就业志愿，我毫不犹豫地只填写了一个：中山眼科中心。最后，我如愿以偿，进入这所国内最好的眼科医院之一，成为一名眼科医生。

改革开放初期，日本、美国等很多国家的教授来到中国，帮助支持中国的医疗事业，他们在中国召开国际会议，进行手术直播，供中国医生学习。这是我们学医的人求之不得的机会，我们每一秒钟都带着敬仰和谦虚去学习，对国外专家的仪器设备也充满了好奇。当时我们都觉得外国医生很“有型”，

陈伟蓉为自己作为中国医生而骄傲

带着一排的助理，排场很大。他们的手术包里，有很多我们不认识的医疗器械。那是中国医生还在手术室里使用剃须刀片的年代，而外国医生已经在用一次性手术刀了。外国医生完成手术后会像我们现在一样把一次性手术刀扔掉，我们的医生会很疼惜地捡起来，消毒后当宝贝一样再用。

历史的变革波澜壮阔，中国的发展变化日新月异。国力强大了，科技进步了，国内的医疗条件和医生的技术水平都跟国际接轨了。现在，轮到我们带着技术到友好国家去援助他们了。我们的内心充满了强烈的民族自豪感和由衷的幸福感。

一个中国医生的援外医疗之路

很多年来，我一直潇洒自如地做着我的“基层员工”工作，默默无闻，这使我有更多的时间和精力专注于医学研究。2012年对我来说是一个分水岭，这年我被任命为中山大学中山眼科中心白内障科的主任。

当时中山大学中山眼科中心一年的白内障手术量是8000台，新上任院长是一位很有想法、有抱负的专业性干部。他想进行一系列的医疗改革、创新，解决一系列医疗改革遇到的难题。白内障是全球排名第一的致盲性眼疾，在50—60岁人群中的发病率为60%—70%，70岁以上者为80%，严重地影响着人们的健康和生活质量。我一上任就在院长的指导下带领大家着力技术创新、服务创新，促进白内障治疗模式的改革创新。我在全国率先实施敞开挂号、全天候出诊、全天候手术制度，并率先将日间病房制度引进到白内障手术治疗中，有效地缓解了患者“看病难”和“住院手术拥堵”等难题。一系列改革后，我负责的白内障科年门诊量超8万人次，手术量超2万例，成为全国乃至全世界白内障门诊病人数、住院病人数、手术量最多和床位周转率最快的单位之一。这些年来，我们还利用休息时间深入全国的一些贫困地区，为数万群众义诊，帮助贫困患者免费实施了白内障复明手术。

2013年，为配合国家总体外交战略及广东省政府外事工作，我带领的医疗队第一次来到南太平洋岛国瓦努阿图。这个国家虽然风光秀丽，但条件异常艰苦，整个国家没有一条像样的柏油路，只有一处红绿灯。全国只有一名眼科医生，还不会做手术，大量的白内障患者已失明多年而得不到及时的救治。

那次，我把先进的白内障超声乳化技术带到了这个岛屿国家。医疗队到达当地唯一的眼科诊所时，闻讯而来的民众已经排起了长龙。其中，一位坐在轮椅上的老人引起了我的注意。这位70来岁的老妇人很胖，体重有200多斤，虽然双目失明，但始终面带微笑。老人的女儿是当地一名著名的记者，她对我说：“我的母亲阿布已经失明5年了，还患有高血压、糖尿病、心脏病，她最大的心愿就是想在去世前看看自己的子孙。”每一年澳大利亚和新西兰的医生到岛上开展白内障手术时，老人都满怀希望而去，但总是失望而归，原因是她的病情太复杂，澳大利亚和新西兰的医生拒绝为她做手术。这次听说中国医疗队来了，老人让家人帮她拾掇得干干净净，打扮得漂漂亮亮的，早早地让家人用轮椅把她推到诊所等候。我默默发誓，一定要想办法让这位可怜的老人重见光明！手术困难程度远远超乎想象，幸运的是，手术成功了，老人复明后露出的灿烂笑容让我至今难忘。

第二年，我再次登岛，远远就看到一个熟悉的身影坐在轮椅上，正朝着医疗队来的方向张望。是72岁的阿布在炎炎烈日下等着我，因为她想把一条

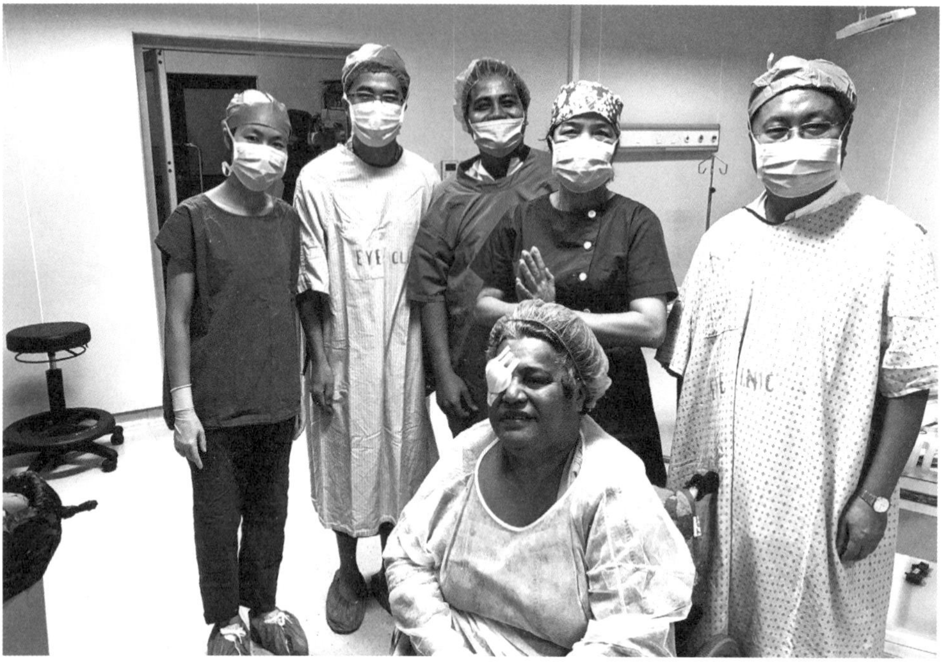

中国驻萨摩亚大使在手术室见证了一位当地的白内障患者复明

绣有瓦努阿图国旗的绶带赠送给我，以表达她对中国医生的感激之情。2015年，我们第三次来到这个岛国，再次来到这个诊所。这一次我在轮候的患者中寻找，却再也找不到那个熟悉的身影，迎来的是她的女儿，她告诉我，老人已经去世，但她是带着微笑去的，因为她看见了她的子孙，看见去天堂的路，已经没有遗憾了。

在过去的6年里，一个又一个这样的感人故事不断发生在我到过的南太平洋岛国：瓦努阿图、萨摩亚、斐济、汤加、纽埃、库克群岛，以及印度洋的马尔代夫，还有非洲的塞内加尔……作为医生，我真切感受到了这些国家的人民对中国医生的感激之情和深情厚谊。刚开始，别人也不知道中国医生到底行不行，我们就要把刀（手术刀）亮出来。只有我们的医疗技术、医学知识等方方面面都提高了，我们才能代表中国去这些国家撒播光明，传递友谊。

记得刚开始开展援外医疗时，我也“邂逅”过他国医生的轻蔑眼神。有一次在塞内加尔，当地的一名眼科主任是个贵族，又曾在法国留学，刚开始表现得很傲慢，对中国医生并不太友善。但当我把我在国际顶尖杂志发表的医学论文展现出来的时候，对方就被“征服”了。我们就是这样，用高超的医疗技术和渊博的医学知识“征服”一个又一个受援国的医生和民众。

我们的医疗队做手术干净利落，操作起来稳准快，人们甚至都没看清楚整个过程，手术就结束了，受援国的医生和病人不禁惊呼中国医生技术高超。当地还在用小切口白内障手术，做一次手术要用20—30分钟，我们一般是8—10分钟可以完成，最短甚至只需五六分钟，而且病人马上就可以重见光明。我们的医疗队不仅在手术时间上有优势，在人数上，韩国人需要39人的团队，澳大利亚和新西兰需要十几个人的医疗队，而我们的援外医疗队只有3个人，这几乎是世界上最小型的医疗队。

这几年的援外医疗之路虽然历尽艰辛，甚至有生命危险，但我从来无怨无悔，对我而言，或许再也没有别的职业能让自己获得如此饱满的幸福感了。

有一年我过生日，正好在马尔代夫进行援外医疗。手术间隙休息时，助手把我“骗”到了会议室，说院长要跟我谈点事，就耽误10分钟。结果一打开门，原来胡鲁马累医院全院员工悄悄为我筹备了隆重的生日会，给了我一个惊喜。他们全部身着盛装，唱起了“生日快乐”，发自内心地对我表达感激之情。我还有什么不满足的呢？淳朴的患者会从家里的木瓜树上摘两个木瓜，或者编织一个岛国的竹帽子送给我们……我的医学之路走到今天，已经溢满了感动和荣耀，这不仅属于我个人，也属于中国。

每当患者重见光明时，欣喜地问我的名字，我都会指着自己白大褂上的中国国旗，自豪地说：“I am a Chinese doctor！（我是一名中国医生）”我为我的祖国，也为我们中国医生而骄傲！

一个中国女性的家国梦

在几十年从医生涯里，我做过的手术不计其数，但我不时会想起儿时邻居家那位双目失明的老人。

老人被关在黑屋子里，经常发出凄厉的叫声，大家都说她是一个“疯婆子”，孩子们甚至都不敢踏进那片区域，认为那是一间鬼屋。成为眼科医生后，我接触了很多盲人，知道得了青光眼的患者性格容易暴躁，因为不仅会失明，还会头痛欲裂，身心都被残酷折磨。长大后，我明白那不是“鬼屋”，而是禁锢一位失明老人痛苦无望的后半生的牢狱。每每想起儿时邻家的“疯婆子”，我的心都会隐隐作痛，因此，每次接诊眼疾患者，我都会尽心尽力。因为我知道，我守住的不仅是他们的光明，还有他们的幸福人生。

在那个年代，一个失明的人获得重见光明的机会是很渺茫的，但是如今国家医学发达了，科技发展了，我才得以在大时代的背景下守护光明。

想起刚刚大学毕业时的年月，我与先生婚后住在一间7平方米的房子里，而且还有舍友——我们的大学同学夫妇。两对新婚夫妇“同居”，逼仄的房子里放了两张折叠床，为了避免尴尬，两对新人只好轮流待在房子里。厨房也是好几家人共用的，那可是早期的“共享经济”，听起来十分时髦，但那样的生活条件，现在的年轻人也许再也无法想象。

当时我问先生说：“我们什么时候能有自己的房子呢？”先生幽默地说：“下个世纪应该可以吧。”

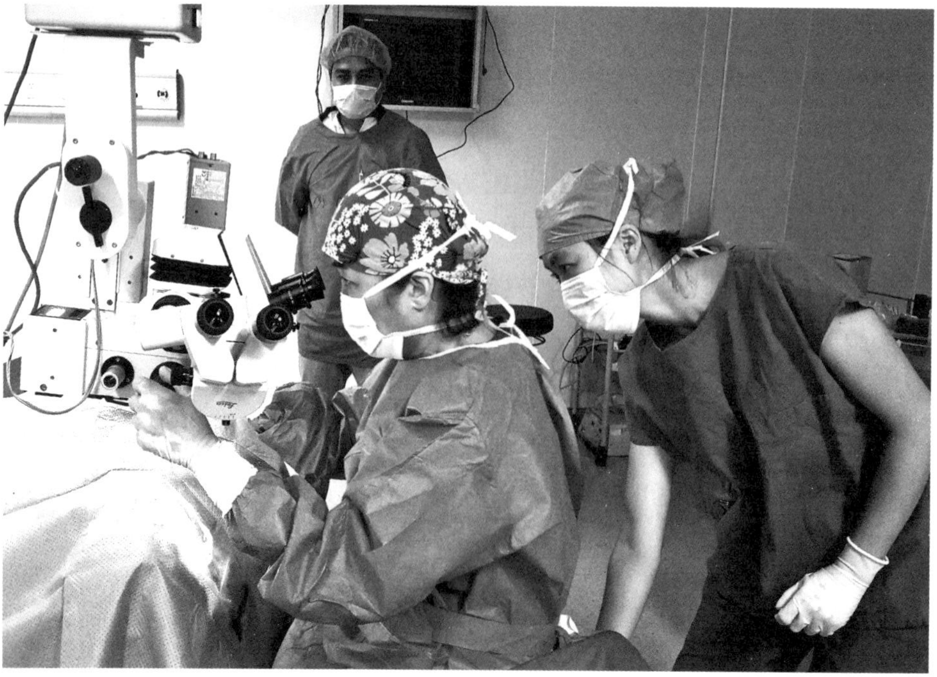

陈伟蓉正在给外国病人治疗

没想到还没等到下个世纪，生活就开始悄然发生改变了。我们慢慢有了自己的房子，买了冰箱、电视，后来又有了两辆摩托车。那是 1990 年，改革开放的第 12 个年头。

跨过岁月的河流，新世纪如期而至。我与同样是医生的丈夫在救死扶伤的事业上有着共同的情怀，我们不仅是生活伴侣，也是“革命战友”。而我的女儿，2017 年考上了美国的新英格兰视光学院，她说要追随妈妈的脚步同样成为一名眼视光医生，与妈妈一起守护光明。

我今年 56 岁了，每次工作回来都很累，但是我喜欢自己的工作。我每做一台手术，就有一位患者重见光明，有一家人再获幸福。如果让我重新选择职业，我还会选医生，而且是眼科医生、白内障医生。每个人都有自己的路，但每条道路都不可能是坦途，而无论你选择什么样的路，都要无愧于祖国和人民。

女刑警李海燕：DNA 检验鉴定让犯罪嫌疑人无处可逃

文：李慧云　来 勇

李海燕：1968 年出生，云南大理人，毕业于中山医科大学（现中山大学中山医学院）法医专业。现为广东省公安厅刑侦局刑事技术中心 DNA 检验科科长，曾获国家科技进步奖二等奖、全国巾帼建功标兵、“南粤十大女工匠”、“广东公安英模代表”等荣誉。

李海燕参与过 100 多起重大案件现场侦查工作，对 2000 余起刑事案件的 2 万余份检材进行“不允许有任何差错”的实验室检验。她参与建设了广东省打拐 DNA（脱氧核糖核酸）数据库，帮助 700 多名被拐孩子回了家。作为坚守信念、探寻真相的女法医，李海燕凭借过硬的专业技术揪出了一个又一个隐藏的犯罪嫌疑人，让真相水落石出。

随着DNA检验鉴定技术的迅速发展，DNA证据在破案中的作用和分量也越来越重。我很幸运，刚好遇上了这项技术在刑侦过程中初始运用和迅猛发展的时期。国际上将DNA检验鉴定技术用于刑侦破案是在1989年，而我们国家是1990年开始，广东省是从1992年开始。广东是国内公安刑侦部门较早使用DNA检验鉴定技术的，现在，除了大案、要案，连一些小案也用到这项技术，它发挥的作用越来越明显。由于广东发案率较高、破获的大案要案多，所以我在工作过程中得到很多宝贵的经验，慢慢摸索出一些高效实用的技术。我们中心DNA检验鉴定技术实验室已成为广东公安刑侦系统的一张王牌，张德江、汪洋等党和国家领导人在广东工作期间先后来视察过。

——李海燕

白族“金花”执意学法医

2018年3月9日下午，一名只有3个月大的女婴在东莞市塘厦观澜碧桂园小区，被半只从高空坠下的苹果砸伤，造成重度颅脑损伤、昏迷不醒，伤情十分严重。

警方入户调查时，没有人承认苹果是自己扔的。幸好那半只苹果还在，警方从中提取了极其微量的残留物，取得了吃苹果者的DNA样本。3月16日，经与那栋楼上全体业主的DNA样本比对，终于锁定苹果上的DNA样本与24楼一名小女孩的相吻合。

小女孩的家长这才承认，其实是小女孩将半只苹果给宠物狗吃时，不小心让它掉了下楼。不久后，受害女婴得到了部分赔偿。

“很多人从媒体上看到这起案例时都说现在的破案手段太神奇了，一个摔碎的苹果都能成为破案线索。其实，这只是公安系统通过

李海燕（前排左三）和同事们在广东省公安厅刑侦局刑事技术中心 DNA 检验鉴定技术实验室

DNA 技术破获的成千上万起案例中的一例。”李海燕和记者谈起这起案子时，言语中充满了自豪感。

记者端详着眼前这位斯斯文文的女干警：她那白皙俏丽的脸上架着一副金属框眼镜，笑起来眼睛眯成一双月牙儿，非常具有知性气质。当天她正好穿着高跟鞋和连衣裙，完全不像令犯罪分子闻风丧胆的刑警。她说，刚刚接待了一批新西兰来的同行，所以才打扮成这样。我们正进行采访时，领导找她汇报工作，她马上换了一身英姿飒爽的警服而去。

李海燕是云南大理人，地道的白族“金花”（姑娘），高中就读于云南省重点中学大理一中。1986 年高考后，她无意中看到了一篇报告文学，讲的就是广东省公安厅著名女法医陈仲芝，“女法医‘让死者说话’，找出各种犯罪嫌疑人，帮无辜者洗清冤屈的高超技能让我敬佩不已，没想到世界上还有这么神奇的职业啊！”

高考成绩下来后，李海燕居大理一中第二名，总分超出一本线好几十分。

她把所有的志愿都填了医学类专业，所有学校的第一志愿都是法医，第二志愿才是临床医学。

一个在法院工作的朋友对李海燕的妈妈说："你女儿这么年轻，学法医怕不怕呀？"妈妈也不清楚法医到底是干什么的，朋友说比如处决罪犯的时候，法医要站在旁边验尸。妈妈大吃一惊，回来跟李海燕说："这个法医工作太吓人了，你分数这么高，要不改个专业，或者今年不去读了，明年再重新考个好专业。"李海燕却说："别人都不怕，我怕什么？"

这时，学校传来消息，李海燕已被位于广州的中山医科大学（现为中山大学中山医学院）提前录取。李海燕把心一横："我倒要看看学法医到底有多吓人！"结果，他们班 30 名学生中只有 3 名女生。学校周末开舞会时，有男生请了一名女生跳舞，然后开玩笑说："我刚才请了我们班三分之一的女生跳了舞。"说起这些往事，李海燕率真地笑着。

凭借过硬的专业技术揪出隐藏的犯罪嫌疑人

作为女孩子，李海燕听说法医整天跟死人打交道，说一点忌惮都没有那是不可能的，但上了大学后，前 4 年学的都是基础医学，这让李海燕的心慢慢平静了下来。"1988 年以前，中山医科大学法医专业都是 6 年制的，我们第五年才真正开始接触法医的专业课，最后一年当实习法医。"

李海燕的实习单位是韶关市公安局。韶关是粤北地区的中心，它地处浈江、武江、北江三江交汇处，偶尔会从上游漂来浮尸。只要发现浮尸，公安部门就必须查清尸体的来龙去脉。"一般都是将尸体打捞上来后，在江边河滩上就地解剖。当时我和另一个女同学在那里实习，还有几位老师。我们动手解剖，男老师就在边上指导。有不少群众在桥上趴着看，他们说那些男同志太不像话啦，都站在边上看，让女同志干这样的活。"说着说着，李海燕又咯咯地笑了。

1992 年，李海燕毕业后进入广东省公安厅刑侦局工作。其实，法医工作并不是电视剧中所呈现的那样仅为简单的解剖尸体工作，还有大量的物证检验鉴定和科学细致的分析研判工作，要通过各种努力在短时间内取得证据并形成结论。

随着DNA检验鉴定技术的迅速发展，DNA证据在破案中的作用和分量也越来越重。“我很幸运，刚好遇上了这项技术在刑侦过程中初始运用和迅猛发展的时期。”李海燕告诉记者，国际上将DNA检验鉴定技术用于刑侦破案是在1989年，而我们国家是1990年开始，广东省是从1992年开始。“广东是国内公安刑侦部门较早使用DNA检验鉴定技术的，刚开始时技术不太成熟，一年也就办100来宗命案。现在不同了，DNA检验鉴定技术日益成熟，应用也十分普遍，除了大案、要案，连一些小案也用到这项技术，它发挥的作用越来越明显，所以我们越来越忙。由于广东发案率较高、破获的大案要案多，所以我在工作过程中得到很多宝贵的经验，慢慢摸索出一些高效实用的技术。我们中心DNA检验鉴定技术实验室已成为广东公安刑侦系统的一张王牌，张德江、汪洋等党和国家领导人在广东工作期间先后来视察过。”

李海燕说，刚开始时，DNA检验鉴定技术不够成熟，他们要做很多复杂的工作。比如，2004年2月，马加爵在云南连杀4人后逃逸，被公安部列为A级通缉犯。就在这时，广东有人报案说在某理发店看到一人和马加爵很像。“警方把理发店里所有的头发都收集起来了，一大袋，应该属于几百人的头发，我们要一根根地做检验，然后比对DNA，总共几十万根头发，这个工作量有多大可想而知。但我们连续工作了一个星期，都一一排除了。就在这时，马加爵也在海南被抓获了。”

李海燕最有成就感的时刻就是案子告破时。“眼看着侦查工作走进了死胡同，但通过我们的努力，终于找到了一点点物证，再经过细致的检验工作，最终锁定犯罪嫌疑人并将其绳之以法时，那种成就感会将所有的辛苦冲得烟消云散。”

李海燕在工作中不断总结和创新，逐渐做到只要提取9—10克的物证，哪怕是肉眼看不见的一点点物质，就可以做DNA检测，且数据可以精确到小数点后20位。2001年4月18日，肇庆市大旺高新区发生一起特大抢劫杀人案：一家商店的老板李某夫妇及小孙子3人被残忍地杀死在店内。犯罪分子特别狡猾，反侦查能力极强，导致警方在现场找到的证据少之又少。16年过去了，案件一直没有破获，连死者家属都觉得这起案子可能永远都破不了。2017年10月，李海燕再次对当年现场遗留的物证进行检测，终于发现了一点极其微量的新线索。通过比对，成功锁定一个身在武汉市的人有重大嫌疑。办案民警顺藤摸瓜，先后将 3 名犯罪嫌疑人全部抓捕归案。经审讯，该三人对 16 年前抢劫杀害李某夫妇及其小孙子的犯罪事实供认不讳。

“广东流动人口多，发案率高，有很多惯犯、流窜犯特别狡猾和凶残。DNA 检验鉴定技术的神奇之处在于，无论犯罪嫌疑人在什么时候、在什么地方犯了罪，只要在现场留下一点点蛛丝马迹，他就无所遁形。震惊全国的白银连环杀人案的凶手，不就是这样被查出来的吗？无论时间过去多久，无论在何处犯的罪，无论如何整容变样，他的 DNA 是不可能改变的。”李海燕非常骄傲地告诉记者。

2014 年，在武广高铁衡阳段附近，有人趁着夜色偷偷跨过高铁护栏，把一段直径 10 厘米左右的树干斜插在铁轨上，蓄意破坏列车安全。由于发现和处理及时，没有造成重大伤亡事故，但高铁被迫停运 36 分钟，影响了 7 趟列车的运行，影响极其恶劣。这是一起严重的刑事犯罪案件，如果不及时查处，将存在重大的安全隐患。李海燕率领团队在事发现场进行了细致勘查，终于发现了一处血迹。

附近的村庄有几千人，李海燕的团队先后对 7 个村庄 2142 个样本进行筛查，经比对，终于发现一名年轻人的 DNA 与现场样本近似，但仍达不到确认的比例，侦查工作一时陷入僵局。“嫌疑人可能是他的近亲。”李海燕说。

经过进一步筛查，终于锁定嫌疑人为罗某某，办案人员在东莞将其抓获归案。“罗某某正是此前虽比较接近现场样本，但最终又被排除嫌疑的罗某的堂哥，这说明我们的判断是正确的。”

罗某某哀叹道：“我后悔死了，心想再也不干了，结果还是被你们抓到了。”对不法分子来说，这样的结果就成了他们的噩梦：“天哪，千万不能犯法啊！”

在李海燕和同事们的共同努力下，广东省 DNA 数据库从无到有、由小到大，率先在全国设置了“全国—省—市”三级结构数据库，为全国 DNA 数据库的建设提供了宝贵经验。目前，广东已经建成省、市、县（区）DNA 实验室 37 个，“可以说形成了天罗地网，覆盖了整个珠三角和粤东西北地区”。广东的 DNA 数据库建设总数排全国第一位，曾获得案件破案总数等三个指标全国第一的最好成绩，遥遥领先于国际水平，多次获公安部表彰奖励。

作为广东公安英模，李海燕表示要在履行党和人民赋予的职责使命上迈出坚实步伐

帮助无数孩子找到亲人找到家

“20 世纪 90 年代中期，DNA 检测技术开始应用到‘打拐’工作中，成效特别明显。”李海燕告诉记者，由于很多孩子被拐时年龄都很小，后来长相都变了，甚至失去了被拐的记忆，为寻亲带来很大难度。如何确定他们的亲缘关系？DNA 检测技术再次显现了它的威力。

有个小伙子听说自己是被拐卖到广东的，一直想找到亲生父母，他找到公安部门，希望通过血样找到亲生父母。李海燕介绍说：“只要到附近的派出所报案，说明自己可能是被拐的，公安部门就会无条件为你提取样本进行检测。这个小伙子通过 DNA 比对，最终找到了远在四川的父母。这才得知家人为了找他，爷爷郁郁而终，妈妈甚至在精神上出了问题……”

李海燕说：“目前广东已经建立起有效的失踪人员 DNA 信息采集和核查反馈机制，至今经我们部门累计比对的被拐卖儿童就有 700 多名，并帮助他们回了家。DNA 比对手段也在不断进步，现在只要失踪儿童或者父母的血样进入 DNA 基因库，就会自动比对。”

“我也是做母亲的人，特别理解母子离散的苦痛，所以帮被拐卖儿童与父母团聚让我特别有成就感。”

“我们刑事技术中心 DNA 检验科还肩负着一个特殊的任务，就是帮助港澳同胞留在内地的非婚生子女回家。”改革开放初期，大批港澳同胞回内地投资办企业，其中一些人留下了非婚生子女。这些孩子慢慢长大后，他们的身份成了一件很棘手的事情。在这些孩子父辈的呼吁下，几年前港澳政府开始重视，只要通过 DNA 鉴定确定孩子与港澳居民有血缘关系，就可以到港澳落户。“目前，我们中心是港澳委托内地做这项鉴定的唯一机构。”

李海燕的先生也是学医出身，现为广州珠江医院泌尿外科医生，她的儿子在南方医科大学读临床医学。

儿子打算学医，李海燕的先生不同意，说太辛苦，而且责任重大，不如学计算机。没想到，儿子很崇拜妈妈：“看着妈妈在显微镜和电脑下，‘羽扇纶巾’就可以‘决胜千里之外’，将坏人抓住，我觉得她特别牛，所以我一定要学医。”

“儿子把我当成理由搬了出来，我怎么能不向着他？”李海燕说，多年来她觉得最亏欠的人是儿子：“儿子才几岁的时候，我正忙港澳非婚生子女鉴定的事，当时这项技术还远没有现在成熟，而且这件事政策性非常强，所以我压力很大。他爸也很忙，经常要外出学习、做手术，所以有时候我正在加班，忽然接到儿子打来电话说：‘妈妈，我一个人在家好害怕啊！’虽然单位离家只有两三百米，但我不能回去，只能在电话里给他壮胆：‘妈妈是警察，专门抓坏人的，所以你不用怕。实在害怕的话，就把玩具枪拿在手里。’有时候我干脆把儿子带到办公室，让他在旁边玩。记得有一次，我忙到第二天早上 6 点钟才回去，看到儿子抱着一把玩具枪蜷缩在沙发上睡着了，我一下子就愧疚起来，心疼得抱着儿子久久不放。”

有时，李海燕忙得连家长会都没有时间参加，只好请一位同事给儿子当“临时妈妈”开家长会。她笑着说：“这位‘临时妈妈’代替局里的许多家长开过家长会，因为像我这种情况的，在刑侦局有很多。刑侦局藏龙卧虎，他们在缉毒、反假币、指纹、影像等方面都是国内的一流专家，大家都很忙。”

“我先生特别理解我。他的朋友经常说笑话我们：‘哎，你们两个大忙人居然还没离婚呀？’他们问我们吵不吵架，我说我们忙得没有时间吵架。”说完，李海燕哈哈地笑了。

大疆创始人汪滔：让“中国制造”高傲飞翔

文：华池璐

汪滔：深圳市大疆创新科技有限公司创始人、董事长。1980年生于浙江杭州，毕业于香港科技大学。2016年1月被评为“2015中国科学年度新闻人物”，2016年9月荣获“2015年度深圳科技奖市长奖”，2019年《福布斯》全球亿万富豪榜排名第325位，财富值54亿美元。美国媒体曾这样评价他：“这名在香港受教育的学生所研发的产品令‘中国制造’在欧美高手如林的高科技领域崭露头角。”《福布斯》曾将大疆的成功与柯达、戴尔和GoPro相提并论，是第一家真正意义上引领世界科技潮流的中国公司。

我们是中国人，也是中国公司。我们努力和奋斗的目标，跟国家的命运，跟我们全体中国人的命运，是分不开的。所以说我们把自己的事情做好，如果我们发现一些好的想法、好的思维、好的价值观，我们也想让大家都认同这一点。环境变美好了，大家的生活也好了，事业就能更成功。在我们父辈的时代，中国一直缺乏能打动世界的产品，“中国制造”也始终摆脱不了靠性价比优势获得市场的局面。在新时代，企业的成功应该有不一样的思想和价值观，大疆愿意专注地做出真正好的产品。

——汪滔

点燃梦想：漫画书里的红色直升机

汪滔出生于 1980 年，母亲是教师，父亲是一名工程师，他们十分注重对儿子的教育。汪滔才 1 岁多，母亲就给他买了全套《生活科学文库》和《生活自然文库》，一共 20 多本。只要有时间，父母就会把书本的内容讲给他听，一步步引导他读完这些书。就这样，汪滔不仅养成了阅读习惯，还激发了强烈的求知欲。即使父母不在身边，他也会摆弄这堆书，似懂非懂地“翻阅”。

到了上小学的年纪，汪滔进入母亲所在的学校。为了培养孩子的学习兴趣，母亲带他去不同的兴趣班旁听。奇怪的是，汪滔似乎对书法、画画、唱歌都不感兴趣。深谙教育之道的母亲知道，兴趣是最好的老师，自己的大学教授父亲就曾经这样培养他们兄妹 5 个。汪滔母亲很赞赏父亲的智慧，也如此教育汪滔，希望他坦荡正直地快乐生活，自由地选择喜欢的事物。于是，很多个午后的两小时空闲时间，母亲在教室上课，汪滔在操场的沙堆里“撒欢”。

正是母亲的“放养式”教育，让汪滔找到“真爱”。小学三年级时，他无意中接触到一本漫画书《动脑筋爷爷》，书中讲述的是一架红色直升机的探险故事。红色直升机的插画深深吸引了汪滔，他开始对天空充满想象，并萌生出做一架一模一样的直升机去旅行的梦想。

从此，汪滔一发不可收拾，寻找所有与航模有关的书，大部分时间都沉

《福布斯》将大疆称为第一家真正意义上引领世界科技潮流的中国公司

浸其中。汪滔的父母发现，从小就很顽皮的儿子，只要拿到各种飞机模型就会马上安静下来，专注地拆装起来。有些航模即使被拆坏了，他也舍不得丢。母亲给他买各种各样的模型，从简单入门级到复杂烧脑级，一应俱全。汪滔也在独立完成各种模型组建的过程中，训练了自己的动脑动手能力。

对航模的狂热喜爱，影响了汪滔的学业，在班中成绩排名一向中等偏上的他，名次开始下滑。父母有些担心，但并未阻止儿子的兴趣。他们相信，不需要多久，儿子的成绩一定会有所回升。

果然，16 岁那年，汪滔在一次考试中超常发挥，得了高分。父母很开心，父亲特地托人从香港买了一架遥控直升机给汪滔作为奖励。这可是汪滔梦寐以求的东西啊！他乐坏了，废寝忘食地摆弄着。无奈，这架直升机操控起来有难度，好不容易把它“送上天”，可没飞多远就掉了下来。直升机摔坏了，汪滔心疼得眼泪汪汪的。经过父亲联系，数月后，配件从香港寄过来，直升机才被修好。

不久，父母就先后下海成为小企业主，他们的家也从杭州搬到深圳。因生意需要，他们先后搬了8次家，但每次搬家，汪滔的一大堆航模玩具，连同“缺胳膊少腿的老弱病残”，都会被妥善地打包带走。

2001年，汪滔考上华东师范大学电子系。大三时，他选择退学，向心仪的斯坦福、麻省理工等世界名校发出入学申请。但由于种种原因，他未能如愿。之后，汪滔选择进入香港科技大学电子工程系继续深造。那些年，他继续追逐着自己的航模梦，先后参加两次机器人大赛，分别获得香港冠军和亚太区并列第三的好成绩。

在一次寻常的试验中，一架航模掉下来，还处于旋转状态的螺旋桨叶在汪滔手上划出一道深深的口子。后来，伤口好了，但他的手上留下了一道疤。这道疤痕让汪滔生出一个大胆的想法——做一个无人机控制系统，并把它作为大学毕业课题。

见证梦想：少年家门口的绿色草坪

为实现这个梦想，汪滔几乎进入疯狂状态。他在学校埋头翻阅资料、做实验，即使节假日回家，也会一遍遍地试飞。有一段时间，汪滔家住在一个湖的旁边，湖边就是绿油油的草坪，这片草坪见证了汪滔追逐梦想的脚步。飞机模型飞上去，掉下来，又飞上去，还是掉下来。驻足观看的路人都气馁了，只有阳台上的母亲，目光仍自信坚定。她知道，儿子每一架飞上天的小小模型，都承载着他大大的梦想。

直到天色近黄昏，汪滔才抱着摔坏的模型回家，一脸乐呵地向父母讲述自己的“失败启示录”。“我16岁那年，就有这个想法，让飞机模型可以停在空中不动，想让它停哪里就停哪里。”

汪滔（右）在大疆创新深圳总部向来访的荷兰首相马克·吕特介绍大疆“悟”系列无人机

儿子雄心勃勃的样子，带动了父母激动的情绪，母亲对他说：“看着你每天这么辛苦，妈妈很心疼。但你沉浸其中自得其乐，是幸福的。”

现实有些残酷，汪滔的实验始终没成功，他的毕业设计只是勉强得了一个C。不过，幸运的是，他引起了香港科技大学机器人技术教授李泽湘的注意。在这位“伯乐”的引荐下，2006年汪滔开始攻读硕士研究生。

那时，汪滔和两个同样怀揣梦想的同学用筹集到的200万元港币，到深圳开了一家公司，这就是大疆创新公司。他给公司取名为“大疆”，就是“大志无疆”的意思。办公的地方是一个不足20平方米的仓库。刚踏足社会的汪滔，想法很简单：“开发一款产品，能养活一个10到20人的团队就行了。”

汪滔一边忙着创业，一边还要兼顾学业，即使回家，父母也几乎只能在饭桌上见到儿子。和汪滔一起吃饭，是父母感到最幸福的事，一家三口聊着吃着，汪滔会和他们谈工作、聊梦想：“为什么工程师不能当明星？我要设计一种机器人竞赛，让有理想的理科男成为像姚明那样的全民偶像。”儿子时不时冒出的新创意，总会让父母感到高兴，他们从不认为儿子的想法不靠谱。

汪滔觉得，自己的性格里有天真的成分，从小喜欢一样东西，就希望把它变成现实。的确，为了无人机，他不仅把奖学金全部用在研发上，旷课也成了家常便饭，硕士学位读了整整5年才考下来。

创业初期，汪滔通过网络视频营销，每个月能销售出几台遥控直升机，扣除房租、人工和研发成本，几乎没赚什么钱。公司一步步陷入困境，但汪滔仍坚持研发更为成熟的直升机飞行控制系统。

和汪滔一起创业的两个同学，感到前途渺茫，先后离开了大疆。无奈，汪滔只能从网上招人。人海茫茫，果真让他找到几个同道中人，他们和汪滔一样，对创新技术充满兴趣和热忱。

汪滔一边工作，一边还要手把手把新成员引进无人机领域的大门。一旦做出产品来，他们就会拿到国内外的航模爱好者论坛里兜售。“那段时间的大疆，就像一个‘小作坊’，大家挤在一个屋子里，每天工作10多个小时，没有上下班之分，做产品时也是边做边交流。”

团队里没有头衔，汪滔无疑是“老大”，他雷厉风行的办事风格、对产品近乎挑剔的高要求，大家尚能适应，最让成员们“惊恐”的是汪滔夜间打

大疆“悟”航拍变形无人机及其操控设备

汪滔认为，大疆的优势是视野和品位

来的电话，被大家形容为“午夜凶铃”。

汪滔喜欢晚上工作，通常晚上十一二点才到办公室，会一直干到天亮。其间如果有什么新想法、好点子，他会激动得立马打电话给任何一个成员分享。午夜酣睡时被电话惊醒的滋味，实在令人抓狂。

除了“午夜凶铃”，成员们吐槽最多的还是汪滔布置的“时报”，要求每人汇报自己每小时都干了什么。汪滔也坦言：“我是一个完美主义者，所以与其他人交流时会造成很多摩擦。”

实现梦想：展现“中国制造”风采

就这样，第二批加入大疆的成员在2008年陆续离开了。峰回路转，就在汪滔和他的大疆陷入困难之际，导师李泽湘加入了，他不仅带来资金，还引荐了很多学生。

大疆重新开启征途，汪滔和他的团队废寝忘食，打磨出XP3.1这款飞控系统。在被装载到传统的直升机模型上后，这款系统可以让模型机在无人操作情况下自动在空中悬停。这已比肩当时世界上先进的遥控直升机飞行控制系统，一举超过了英国、德国和美国部分公司的技术水平。自然，大疆的产品售价水涨船高。

汪滔欣喜若狂，不禁在自家门口的湖边草坪上一遍遍演示着自己的“战机”。他看看半空中的无人机，再回头看看阳台上的母亲，母子俩眼神交错的瞬间，可谓“此时无声胜有声”……

随后，大疆陆续推出“ACE ONE 直升机飞控”“悟空多旋翼飞控”等多款飞行器控制系统。到 2012 年，凭借过去几年积累的成熟技术，大疆陆续具备了一款完整无人机所需要的一切条件：软件、螺旋桨、支架、平衡环以及遥控器。最终，大疆在 2013 年 1 月发布的“大疆精灵”，成功撬动了非专业无人机市场。

随着之后“精灵 2”“精灵 3”的问世，大疆占据全球消费级无人机七成以上的市场份额，在国内市场的占有率更是高达九成以上。除了稳坐消费级无人机市场的霸主之位，大疆成功本身的意义还在于，它是第一家真正意义

汪滔（右二）陪同荷兰首相马克·吕特（左二）在大疆创新深圳总部试飞大疆“悟”无人机

上引领世界科技潮流的中国公司，《福布斯》曾将大疆的成功与柯达、戴尔和 GoPro 相提并论。

现在，大疆已经成长为全球领先的无人机飞行器控制系统及无人机解决方案的研发和生产商，在全球 7 个国家有 17 处办公地点，客户遍布全球 100 多个国家。大疆公司既是无人机市场的开拓者，也是无人机标准的制定者，是全球无人机控制与航拍影像系统的先驱。

苦尽甘来，大疆如今估价已达 80 亿美元。2016 年除夕，29 架大疆无人机登上央视春晚，在广州海心沙腾空而起，激情“舞蹈”。大疆无人机还入选《时代》2014 年度世界十大创新工具，两次登上《福布斯》封面，汪滔被称为“中国的乔布斯”。

汪滔新造了两条有趣的“成语”作为公司的座右铭——激极尽志，求真品诚。意思是大疆应该要充满激情地去追求极致，实现自己的志向，认真做好自己的产品。

除了技术，汪滔认为，大疆的优势是视野和品位。“在我们的父辈年代，中国一直缺乏能打动世界的产品，‘中国制造’也始终摆脱不了靠性价比优势获得市场的局面。新时代，企业的成功应该有不一样的思想和价值观，大疆愿意专注地做出真正好的产品。”

近几年，国家大力弘扬创新精神，鼓励全民创业创新，更好地实现精神追求和自身价值，并且开始实施制造强国战略第一个十年行动纲领，该行动纲领坚持走创新驱动的发展道路，鼓励“中国制造”的企业构建智能工厂，实现智能制造。

“正是在这样的大背景下，大疆果敢创新，大胆前进，在智能制造的道路上飞跃发展，并在全球范围内重塑了‘中国制造’的亮丽形象，真正让‘中国制造’在世界空域中自由飞、高傲飞。”

工程师闫禹：
我家就是港珠澳大桥上的一颗螺丝钉

文：邓宝君

闫禹：港珠澳大桥管理局总工办技术主管，高级工程师。2009 年开始从事港珠澳大桥沉管隧道和人工岛技术管理工作，技术主持完成该项目隧道基础、人工岛结构等设计科研管理。作为主要研发人员，参与完成“港珠澳大桥跨海集群工程建设关键技术研究与示范”“海洋工程不锈钢钢筋应用关键技术研究”等科研项目，研究成果直接应用于工程生产。荣获中国水运建设行业协会科学技术奖二等奖、中国海洋工程咨询协会科学技术奖二等奖、中国航海学会科技奖特等奖。他与妻子张颖共同为港珠澳大桥建设贡献了青春力量。

港珠澳大桥是国家工程、国之重器，能和其他所有建设者一样，把热血青春挥洒在港珠澳大桥上，是我的一份幸运和荣耀。2018年，我遇到了自己参加大桥建设以来最严峻的挑战，就是16级超强台风“山竹”将正面袭击，而彼时大桥通车在即。作为结构安全监测负责人，在台风吹袭全过程，我肩负着实时监测全线重要结构并处理分析1200个监测点数据的任务。“山竹”过境，大桥安然无恙。取得的监测结果，将对我国乃至世界桥梁领域的抗风设计贡献宝贵实例。港珠澳大桥，是“中国道路”前进里程表上闪亮的一站。国家梦圆，我们小家圆梦。我们这一代年轻人，都想为国家发展做点事，贡献微薄之力，我们赶上了这个好时代！

——闫禹

2018年金秋十月，伶仃洋上海天一色、潮声阵阵，依傍着这片中国南海水域的城市群迎来深具意义的一天。

23日上午，港珠澳大桥开通仪式在广东省珠海市举行。中共中央总书记、国家主席、中央军委主席习近平出席仪式，宣布大桥正式开通并巡览大桥。习近平在会见大桥管理和施工等方面的代表时指出，港珠澳大桥是国家工程、国之重器，大桥的建设创下多项世界之最，非常了不起，体现了一个国家逢山开路、遇水架桥的奋斗精神，体现了我国综合国力、自主创新能力，体现了勇创世界一流的民族志气。

从筹备到建设，港珠澳大桥历时足足15年，总长约55公里，成为世界上最长的跨海大桥，被誉为“现代世界七大奇迹”之一，也是中国建设史上里程最长、投资最多、施工难度最大的跨海桥梁项目。所有参与大桥管理和施工等方面的人员，听到总书记的讲话后深受鼓舞。

对85后夫妻闫禹和张颖来说，雄伟的港珠澳大桥，还有着另一个特殊意义，大桥见证了他们从恋爱、结婚到生下“大桥宝宝”的全过程——他们和其他所有建设者一样，把热血青春挥洒在了港珠澳大桥上。“港珠澳大桥有千千万万颗螺丝钉，我们这个小家庭，就是其中一颗，永远坚毅、稳固！”采访中，闫禹低调而幽默的开场白，让采访气氛一下轻松、温暖起来。

期待甜蜜的事业与生活

在闫禹的人生中，有两次美丽的“相遇”：一次是和爱人张颖邂逅；另一次，就是和港珠澳大桥结缘。

闫禹和张颖都是1985年出生，初次见面时，两人还是大四学生。闫禹清晰地记得，2008年夏天，正在天津大学读书的他，到街上买课外书，正巧遇见初中女同学，女同学和她的小伙伴也在逛街。“她叫张颖，我的大学同学。”女同学向闫禹简单地介绍张颖，张颖对闫禹报以礼貌友好的微笑。

这个笑起来眼睛弯弯的女生真好看，闫禹年少懵懂的心像被什么触碰了一下。之后，他的脑海里总不自觉地出现张颖的笑脸。

爱情的到来，总是充满惊喜。之后没几天，那个初中女同学联系闫禹：“我觉得你和张颖挺般配的，要不我牵个线，你们相处试试？”

就这样，闫禹和张颖渐渐走到一起。多年后，闫禹曾打趣问：“当初第一次见面后，是你看上我了吧？然后让我同学来‘说媒’，哈哈。”“谁看上你了？不是你主动找人牵线的吗？”张颖笑着反击。

当年谁先对谁心动，仍是个谜，但这并不妨碍两人的感情发展。同是天津人，相似的生活方式和对当地风土人情的相同认知，让闫禹和张颖有着说不完的话。双方家庭也都对儿女的对象十分满意。闫禹的爸爸是天津市卷扬机厂党委书记，妈妈退休前在天津市公交集团公司工作，他们理想中的儿媳妇是踏实能干持家型的，而张颖就是这么一个女孩子。

美好的爱情，给学业增添了无限动力。闫禹在大学读港口航道与海岸工程专业的同时，还完成了工程管理专业的本科学习。大学毕业后，他顺利进入中交第一航务工程勘察设计院有限公司，专业对口，离家近，待遇好，够体面……儿子找到这份工作，父母都很欣慰。张颖毕业后，进入天津一家外资通信企业工作，负责质量管理。

对于未来，闫禹满是憧憬：“我们以后在天津建立一个自己的小家，我知道你是‘煮饭’型女孩。”

港珠澳大桥见证了闫禹和张颖从恋爱、结婚到生下“大桥宝宝”的全过程

张颖对于“煮饭”这么直白的说法，当即“抗议”：“我‘煮饭’，那你是什么？‘饭桶’吗？”

“有你‘煮饭’，我就是天下最幸福的‘饭桶’。”

张颖感觉，作为“理工男”的闫禹甜言蜜语虽然不多，但每一句的“甜度”都非常高。

闫禹说，2009年4月前，连他自己都不会想到，将来“甜蜜的事业和生活”并不在天津，而在2000多公里外的广东珠海。

港珠澳大桥正式动工建设，是在2009年12月15日。而大桥前期的人工岛图纸设计工作，正是由闫禹所在中交第一航务工程勘察设计院有限公司完成。大桥工程前期办公室希望对方借调一名人员到珠海，具体落实水工技术工作。经过层层严格筛选，闫禹成为最合适的人选。

男友突然要去那么远的地方工作，张颖有点意外，也很不舍，但她知道，闫禹是个有理想有抱负的人，能参与到港珠澳大桥这种规模的国家工程中，是一个难能可贵的机会。

见女友这么理解和支持自己，闫禹很感动，他知道女友平时爱看文艺片，离开天津前几天，就特意买了电影票，陪女友看。看电影时，不喜欢看文艺片的闫禹，看着看着就有些发闷，似有睡意，但张颖一点也不生气，还宠溺地把肩膀借给男友靠，她清楚地知道，这些天男友为了准备去珠海的事，已十分疲惫……

因一座桥，爱上一座城

电影散场，观众席灯光亮起，闫禹才醒来："这么快就放完了？我还没睡够呢。"张颖假装生气："信誓旦旦地说陪我看电影，结果自己睡着了，还睡得这么'理直气壮'。"闫禹一把揽住女友的肩膀："你陪我看足球赛时不也睡着了吗？还打呼噜呢，我都不好意思戳穿你。"小情侣打打闹闹地走出电影院，没有波澜起伏的情节，没有动人心魄的誓言，爱情在两个年轻人心中，润物细无声般悄悄生长。

2009 年 4 月，闫禹来到珠海，加入港珠澳大桥建设团队，成为港珠澳大桥管理局总工办的一名工程师。总工办是整个大桥项目的技术核心部门，负责 29.6 公里的大桥主体的工程设计、科研管理，其技术管理工作贯穿大桥建设全过程。努力工作的同时，一向上进好学的闫禹还考取了华南理工大学的工程硕士学位。

忙碌的工作之余，闫禹饱受异地相思之苦。"我都瘦了好几斤，眼睛更小了。"每天通电话时，闫禹都会向女友"诉苦"。张颖哭笑不得："这么小的眼睛看港珠澳大桥，恐怕不够用吧？"

"那你来珠海呀，陪我一起造大桥。"闫禹这话，可不全是玩笑。珠海这个海滨城市，自带浪漫色彩，他常盼着能和女友一起看看这个美丽的城市。

2012 年，闫禹和张颖的爱情到了开花结果的时候，两人在天津举办了简单却热闹的婚礼，组成了一个温馨舒适的小家。

婚后，两人不得不面对一个问题：分居两地。亲戚朋友都为此伤脑筋："小夫妻分居两地不太好，还是想想办法吧。""借调期能不能缩短？早点回天津。"

就在那段时间，张颖做了一个决定，化解了这个难题。

原来，自从闫禹加入港珠澳大桥建设团队后，她经常关注这方面的信息。正巧，她看到港珠澳大桥岛隧工程施工单位的质量部在招人，便毅然辞掉天津稳定的工作，应聘进入工程部，成为一名普通质检员。

眉头紧锁

及时报告

给妻电话

心里踏实

表情：闫禹的“第一时间”

文 / 图：林 山

2018年9月16日，16级超强台风“山竹”来势汹汹。这是继“天鸽”“帕卡”之后，港珠澳大桥即将接受的第三次强台风检验。闫禹肩负着统计分析全桥1200个监测点数据的任务。他坐在监控中心，看似平静，却眉头紧锁。“山竹”来临前，按应急响应，闫禹和同事不分昼夜对监测设备检测加固，确保其在极端天气能正常运转。16日下午5时，“山竹”在广东台山登陆，处于台风风圈范围内的港珠澳大桥现场情况一切正常。第一时间，闫禹将测得的数据呈报总指挥。之后，他给已多天没联系的妻子打去电话，激动中有些哽咽：“当我在报告下面签上自己的名字，然后呈报给总指挥时，感到十分神圣和自豪。”

“你为我付出太多了。”对于妻子的到来，闫禹非常感动。两人在珠海租了房子，算是安了家。租住房离闫禹工作地近，离张颖工作地比较远，每天早上，看着妻子急匆匆地跑出去赶公交车，有时连头发都来不及梳一下，闫禹很是心疼……

一日三餐，两人几乎都在单位食堂解决。因为工作太忙，他们都没有固定双休日。一个星期下来，张颖能休半天，他们尽量趁着这宝贵的半天时间，逛街吃饭看电影，放松一下。

把青春献给港珠澳大桥，闫禹表示赶上了这个好时代

过日子，难免会磕磕碰碰。闫禹说，他和张颖也不例外，刚结婚那段日子，张颖爱整洁的习惯和他的“粗线条”习惯产生强烈矛盾。只要一有空闲，张颖就会忙着擦地、洗衣服，把家收拾得干干净净，可闫禹坚持自己的“现代观点”：“干这些活，又累又浪费时间，不如看看书或电视，逛逛街什么的，做更有价值的事。”

看着丈夫的样子，张颖忍不住一脸“嫌弃”：“你不打扫，我也不打扫，咱家就成猪窝了。”

这时，闫禹只会嘿嘿一笑。他说，这个“猪窝”最干净的时候，就是父母来珠海和他们团聚的那段日子。无论是哪一方父母，只要有空，他们都会来珠海住上一两个月，帮他们打扫卫生，做些包子、煎饼果子等家乡小吃。遇到晚上不用加班的日子，他们就带父母去吃当地的特色菜。

在繁忙的工作和简单的生活中，闫禹和张颖渐渐爱上了珠海这座城市。“以前我觉得自己是借调过来的，过几年总要回天津，但我现在很喜欢待在这里。”闫禹的话，张颖也很赞同。

两人对这座城市有了归属感，开始梦想着在珠海买房、生孩子，让孩子

妻女这一刻的定格，是闫禹最美的想念

在这里健康成长。

保存妻子浪漫的短信

2015 年，张颖怀孕了。看着怀孕的妻子每天都按时上下班，和以前一样风风火火，拼劲十足，闫禹很心疼，偶然抽空打个电话或发个信息，叮嘱她注意身体。每次，张颖都是笑意满满或回复个笑脸表情：“放心，我会照顾好自己，宝宝和你的大桥一样重要！”临近生产期，闫禹把张颖送回天津老家，由父母帮忙照顾。张颖生产前几天，闫禹刚好出差回天津，也有了陪伴妻子的机会。

孩子出生前，闫禹和张颖就想好了男孩女孩两个名字。生下女儿后，他们为她取名为闫睿祺。“‘睿’的意思是聪明有智慧，我们俩相信一个人只要有智慧，就能化解生活中的困难；‘祺’，有幸福吉祥之意，寓意‘运气’，期望我们的女儿一生中能多些运气，顺风顺水。”闫禹自豪地告诉记者。他们还给孩子取了小名，叫“小叮当”。

双方父母对小夫妻给孩子起的名字，给了“同意”的批复，不过提议：“给孩子取个小名吧，叫起来方便。”闫禹和张颖不约而同地想到，那就叫“小叮当”——两人小时都喜欢看动画片《机器猫》，片中的小叮当总能在别人需要的时候伸出援手，而在帮助别人的时候，自己也能获得快乐。“我们就希望，女儿将来是这个样子。”那一刻，闫禹略显清瘦的脸颊绽放出陶醉幸福的表情。

闫禹计划带妻女到港珠澳大桥每个景点合影留念

女儿出生没多久，闫禹就不得不回珠海工作了。回来后，他每天都会给妻子打电话。坐月子期间的张颖，脾气难免有些急，有时听到电话里妻子的语气不太好，闫禹会耐心地劝慰：“你现在可是一个美妈了，不能生气，生气就不漂亮了，女儿‘小叮当’会不喜欢你的。”

自从生下“小叮当”，张颖就没再上班，在家全心照顾女儿。这样的状态，是闫禹喜欢的，妻子照顾女儿，他就能专心工作。

2018 年，闫禹遇到参加港珠澳大桥建设以来最严峻的挑战。

9 月 11 日，有关部门发布消息，16 级超强台风“山竹”将在 16 日到 17 日严重影响广东；而之后的 10 月，大桥就要正式剪彩通车。时间紧迫，大桥是否能扛得住台风直接关系到能否如期顺利通车。全世界的目光，都盯着这座被誉为“现代世界七大奇迹”之一的大桥，确保大桥顺利通车，责任重大。

闫禹作为结构监测负责人，肩负起统计分析全桥 1200 个监测点数据的任务，必须在整个台风过程中实时准确报告大桥技术状况，这些数据是判断大桥在台风过后能否顺利通车的重要依据之一。

在“山竹”来临前，港珠澳大桥管理局已启动最高级别的应急响应，闫禹天天和同事不分昼夜地在162米高的桥塔上、在23公里长的箱梁里、在水下40米的隧道中进行设备检测加固，以保证这样一套庞大的监测系统在极端天气能正常运转。

那些天，闫禹没给妻子打电话，直到“山竹”过境，确认大桥安然无恙，他才在办公室吃了碗方便面后，急忙拨通了妻子电话。

“你在干吗？我听说你们那儿刮台风了，你都不告诉我！”妻子十分焦急。电话那头的闫禹激动得有些语无伦次：“你看到新闻里的播报了吗？桥上瞬时最大风速55m/s，索力、位移、振动监测都在设计范围内，大桥安全。这数据，是我亲手呈报给总指挥的！”

“我们取得的监测结果，将对我国乃至世界桥梁领域的抗风设计贡献实例。”10年无悔付出，闫禹把青春献给了港珠澳大桥。闫禹知道，一个安心舒适的家，是自己奋斗的动力源泉。多年来，他一直保存着妻子给他发的一条微信：“我能想到最浪漫的事，就是和你一起见证港珠澳大桥诞生。”

现在，闫禹时常和妻女视频通话。“港珠澳大桥建设后期，我和张颖常去桥上走走，那时我们就说，等大桥正式开通后，我们一家三口一定要到大桥的人工岛、中国结、风帆塔、海豚塔合影留念。港珠澳大桥，是‘中国道路’前进里程表上闪亮的一站。国家梦圆，我们小家圆梦。我们这一代年轻人，都想为国家发展做点事，贡献微薄之力，我们赶上了这个好时代！”

网红画家林帝浣：我的创作灵感源于中国传统文化

口述：林帝浣　整理：王 娟

林帝浣：广东湛江人，中山大学教师，青年艺术家。《中国诗词大会》舞台背景画作者，中国节气申遗画作第一人，2019年高考作文题漫画作者。著有《生得再平凡也是限量版》《平和的你才美丽》《人间治愈术》《等一朵花开》《时光映画》等。个人公众号“小林漫画”拥有200万“粉丝”。

我们未来的创新作品，它的根一定是在中国传统文化、中国的传统美学里面，中国的诗意里面生发出来的。中国动漫从一开始就有自己的民族文化做支撑。我们中国的文化自信是必须从传统中来的，从水墨、从中国美学中来的。对于中国未来动漫的发展，我觉得还是那句话："越是民族的，就越是世界的。"

——林帝浣

从小渔村走向联合国：任何成功都不是偶然

2019 年 2 月 27 日，阳光灿烂，我应邀走进联合国总部，作了场主题为"水墨与中国二十四节气"的文化艺术讲座。我用图文并茂的形式，深入浅出地为大家介绍了中国二十四节气水墨画作的诗意与艺术。

我不是天文学家，所以作的是一场"有趣"而非"专业"的讲座。我讲到的二十四节气，并不是从天文学角度来阐述，而是更多地告诉大家——到了这个节气，中国人应该吃什么、做什么……中国的节气、中国的艺术，并非是晦涩难懂的，也不是曲高和寡的，而是真实的、来源于生活的。理解中国的艺术，先要理解中国人对于生活的热爱。从这样的角度来理解，将会带给世人一个新的角度，来认识和了解中国的艺术，无论是传统的还是现代的。

现场有近百名我国驻联合国总部的外交官、职员，以及来自美国及非洲、其他美洲国家和地区的驻联合国总部外交官、职员，场内座无虚席。不少人是站着兴致勃勃地听完整个讲座的，我非常感动。

我虽然是第一次走进联合国总部，但此前早已和联合国结缘。2016 年 11 月，中国二十四节气被联合国教科文组织列入世界非物质文化遗产。在申遗的过程中，如何把二十四节气丰富的文化内涵向外国人讲明白成了最大的难点。我创作的 24 幅节气图，水墨丹青，寥寥数笔，勾勒出四季流转、物候变化的诗意，被选中为申遗的重要申报材料。

很多人好奇，中山大学临床医学专业毕业的我，如何会成为漫画界“网红”和三届《中国诗词大会》舞台背景的创作者？

我1975年出生于广东湛江市吴阳镇的一个普通的小渔村，家里有两个姐姐，一个妹妹。父亲一个月三十几块钱的工资，支撑家中七口人生活。

父亲自幼生活贫寒，小学上了3年，因无钱缴纳学费而退学，十几岁便到镇上中学做炊事员。隆冬时节，他只带去一条毯子，还破了一个大洞，他用稻草绑起那个洞，结果毯子盖得了头，盖不了脚，他冷得直发抖。生活条件很艰苦，但是父亲一直在努力。从炊事员到特级教师，他用自己的人生为我们树立了榜样。

我从小喜欢读书。家里没钱买书，我就把零花钱省下来去废品收购站按斤收购旧书。那里的书没有分类，各种类型的书我都看过。初二那年，我在废品收购站买到了一本蔡志忠版的《庄子说》，作者用风趣幽默的方式解读晦涩难懂的庄子思想，让我如获至宝。我把《庄子说》里面的每一幅漫画都临摹了一遍。直到现在，我闭着眼睛也能画出漫画庄子那标志性的大光头。

我向杂志社投稿，收到的退稿信厚厚一摞。直到有一天，我在学校突然看到自己的漫画发表了，便兴奋地举着杂志一路高呼狂奔回家。

除了画画，我还很喜欢唐诗宋词，上初中的时候就爱泡在霞山区儿童公园后面的图书馆，一看就是一整天。我曾把图书馆里的《全宋词》借回来，花了好几个月的时间一口气看完。让我为之着迷的，不是那些华丽精美的语言，而是几个简单中文字的排列组合却散发出无穷的意味，让我瞬间被击中，

2017年为央视《中国诗词大会》创作的作品：草长莺飞二月天，拂堤杨柳醉春烟

这张画被用于申遗宣传册封面

荡胸生曾云，决眦入归鸟。
会当凌绝顶，一览众山小。

内心为之一震。

高二那年，学校来了个美术老师，纸上乱涂几笔，一座山就出现了。画国画花钱不多，一张宣纸只要几毛钱。于是，我用一周的零花钱，买了一支毛笔、一些草纸和曙红、花青两支颜料，加上美术老师赠送的藤黄、赭石两支颜料，我一直靠这四种颜料在空闲时间练习画技。

我的“老师”就是中国历朝历代的名家，如齐白石、潘天寿、林风眠等，我靠临摹他们的作品来提高画技。第二年，我在学校宣传走廊办了自己人生中的第一个画展，获得湛江市青少年书画比赛三等奖。与此同时，我以全校理科第一名的成绩，进入中山医科大学（现中山大学中山医学院）学习临床医学。

因为凑不够我的大学学费和生活费，父亲整夜整夜失眠发愁。后

来他租了块地，挖鱼塘养鱼，还养了一大群鸭子。每天清早，他挑着箩筐到田里，捡捉福寿螺作为鸭饲料，行走10公里，负重数十斤。我大学寒暑假回家，就帮忙捕鱼，到镇上卖鱼，练得一身搭讪扯淡和杀鱼卖鱼的好本领。

青春时期的我一直活在贫穷与自卑中。课余，我经常去图书馆看书，不仅读了《全唐诗》，还广泛涉猎《诗经》《菜根谭》《围炉夜话》等古代文化读物。我渐渐懂得：一个人的智慧是有限的，但当你去学习无数前人的智慧，你的智慧是可以无限延伸的。

从人文摄影师到为国画创作：人生不只做一件事

大学毕业后，我留校做行政工作。那是1998年，我每月工资不到700元，买完盒饭之后一分钱都不剩。为了生存，我开始自学网页设计和编程，成为中国的第一代网页设计师。我拼命接活，熬夜做网页设计，在3年的时间里，把人生的第一套房供完了。

供完房之后，我觉得可以去做一些自己想做的事了。我开始把精力投入到摄影里面。我的第一台相机购于2003年，花了将近3个月的工资。当时恰逢数码相机时代迎来新高潮，我就跟论坛里的摄影爱好者一起组团外出拍照。照片洗出来，每一张风景照都能赢得别人一片惊叹。然而很快，别人能拍到的，我就不想再拍了。我开始独自出发，随意订张火车票，没有计划，没有攻略，住最便宜的单人房，找最地道的街边小吃，游走在那些很偏僻、很普通的地方。

有10年时间，我拍摄是没有赚钱的。2007年，我的第一本摄影集《广州

2017年为央视《中国诗词大会》创作的作品：一川烟草，满城风絮，梅子黄时雨

经典游》出版，我用镜头记录了富有岭南粤韵风华的东山少爷洋楼、陈家祠的屋檐、西关的骑楼街等。但书的销量很差，我也没有赚到什么钱。是继续做喜欢的事情，还是去做有更好收益和前途的事情？在我人生最彷徨的时候，父亲跟我说：“人的命运没法决定，但不要怨天尤人，只要认真努力去做，平静安稳地过完这一生也就很不容易了。”

我听懂了父亲的言外之意：人生的幸福，在自己的安心，做自己喜欢的事情，就是好的人生，后面幸不幸运、有没有名利是次要的。7年以后，我迎来第二次机会，在2013年出版了《时光映画》，用镜头记录中国的二十四节气，销量突破10万册。我为这本书所配的写意国画《中国二十四节气图》，将摄影技法中的光影以及细腻的色彩过渡等运用到创

小林漫画

作中，以传统笔墨技法体现现实之美，把当代生活的情趣带到传统国画中，受到读者的喜爱。这组国画在 2016 年被中国节气申遗小组选中，助力中国传统文化“二十四节气”成为世界非物质文化遗产。

这本书还为我带来了另一个机遇。2016 年，央视《中国诗词大会》节目组找到我，希望我能为第二季节目配一组古代水墨画，用作诗意画舞台背景。对于国画和唐诗宋词颇有研究的我，觉得这是一个有趣的尝试。诗意画的动人之处，往往在意境与韵味，而不是单纯的风光美景。因此，我花了许多时间去重读细品这些诗句，以及搜集大量背景注释材料。

在创作中，有一句诗“纵被东风吹作雪，绝胜南陌碾成尘”，来自王安石的《北陂杏花》，让我想起新疆

小林漫画

2017 年为央视《中国诗词大会》创作的作品：蒹葭苍苍，白露为霜。所谓伊人，在水一方

的杏花沟——杏树开得一团团，粉嫩、张扬，跟随大地延伸、远山起伏。于是，我将记忆里的天山杏花和王安石笔下的北陂杏花联系起来。在一片粉色的花瓣雨中，一辆缓缓驶过的马车碾轧在一片粉色的花瓣海上。漫天落花似流水，轻车马骑穿林过。我用大面积的水墨色彩呈现出强烈的画面感。

没想到，为摄影而吃过的苦，却成就了我独特的画风。节目播出以后，不少观众和网友纷纷点赞，认为“中国诗词的美和中国水墨画是绝配”。之后，我连续为《中国诗词大会》画了 3 年的舞台背景画。这段人生经历告诉大家：用好独处的时间，学习一些美好而无用的技能，到最后，你的每一项专长，都是在为幸福铺路。

从“小林漫画”到公益践行者：人生需要不断进步

除了摄影和国画，我最广为人知的还有“小林漫画”。我画漫画的初心就是为了“好玩”。漫画素材大部分来源于生活，还有一部分是从古代思想里演绎而来的。2015 年前后，我开始将自己的一些漫画作品发布在网上。2017 年，我建立了微信公众号“小林漫画”。

2018 年，我创作了一幅漫画《平和的你才最美丽》，起因是 2018 年一起重庆公交司机因与一名女乘客发生争执而导致公交车失控坠江，十几名乘客遇难的事件。我联想到《礼记》中的一句话“有和气者必有愉色，有愉色者必有婉容”，意思是你要心态平和、内心快乐，才会看起来很漂亮。我用漫

纵被东风吹作雪，绝胜南陌碾成尘

燕山雪花大如席，片片吹落轩辕台

画劝慰大家收起戾气，宽以待人。这幅漫画获得了百万以上的转载和点击。

我的漫画创作大多是在碎片化时间里进行，没有精雕细琢，甚至画得比较丑，但是加个几句话，它就变得有趣和好玩了。我画一个人边流泪边吃东西，旁白是“为什么痛苦时会想吃很多东西，因为伤心欲嚼”；画一个人坐在沙滩遮阳伞下，配文是“许多人的旅行，不过是换个地方，找个 Wi-Fi，玩个手机”；描绘一个头发稀疏的中年人在健身，言称“人生秃如其来，体重无福消瘦”……画中满满的市井烟火气，让看画的人时常会心一笑。我的漫画多次得到人民日报、新华社、共青团中央等公众号的转载。

很多人问我，你这么忙，怎么还有时间创作漫画和运营一个 200 万以上“粉丝”的微信公众号？我觉得，有些人带着镣铐跳舞，会跳得更好，很忙碌的时候反而可能会更有创作的冲动。在拼命省下的时间里，在飞机或高铁上，终于可以画了，这些时候，人是很有激情的，因为生活重压下终于可以喘一口气去做自己想做的事情。如果我现在辞职什么都不干了，就在家躺着，天天画画，我不一定会开心。

有些漫画是我在飞机晚点时的即兴之作，有些是在睡不着的晚上蹦出来的想法，几经打磨、构思。比如在飞机晚点的时候，很多人都很焦虑，和空乘人员吵架或者抢盒饭。但是如果飞机晚点 3 个小时，我会觉得特别开心，因为我觉得自己的人生平白多了 3 个小时，这 3 个小时是没法改变的，这时候我就会掏出笔记本画漫画。

2019 年 6 月 22 日，国新办和国家广播电视总局、中国驻日本大使馆在日本大阪举办了“中国动漫日本行——从水墨中来”巡展。我是策展顾问和参展漫画家之一。我们梳理了中国动漫百年历史，从丰子恺、万氏三兄弟、《铁扇公主》开始，包括我们中国漫画和动画每个历史时期的一些代表性作品，新时代特别是这 10 多年来漫画创作的代表作品。当我们在神户和奈良做展览的时候，吸引了很多日本当地人来看，他们都看得很认真、很仔细，有种意犹未尽的感觉。

林帝浣在自己的画展前留影

中国的年轻漫画家受日本漫画的影响非常深，很多年轻人模仿日本作品进行创作。但是，我们未来的创新作品，它的根一定是在中国传统文化、中国的传统美学里面，中国的诗意里面生发出来的。中国动漫从一开始就有自己的民族文化做支撑。我们中国的文化自信是必须从传统中来的，从水墨、从中国美学中来的。对于中国未来动漫的发展，我觉得还是那句话：“越是民族的，就越是世界的。”中国的创作有更多国漫的复兴和回归，也给了日本很多的创作启发。

接下来，我准备把《本草纲目》里的中药当成美食来创作。对于中国人来讲，《本草纲目》是一本中药的药典，但如果从美食角度讲传统中药的话，会是一个新的切入点。将优秀的传统文化融入现代的概念，融入现代人的情感，让它焕发新的活力，将会是我一直努力的方向。

援疆检察官何雄伟：民族团结一家亲

口述：何雄伟　整理：李慧云　李　强

何雄伟：1975年出生于广东清远。广东省人民检察院第一检察部副主任，三级高级检察官。长期从事刑事检察工作，成功办理过多起具有社会影响力的大案要案，系广东省检察机关首批专门型业务人才。曾任广东检察业务援疆工作组组长赴新疆喀什工作。

他是新疆喀什百姓口中的“儿子娃娃”（新疆人民对忠诚、有责任、有担当的男子的赞誉）。援疆期间，他积极参加民族团结一家亲活动，与当地群众“像石榴籽一样紧紧抱在一起”，荣记广东人民检察院个人二等功一次。他的援疆事迹和经验做法被最高人民检察院通报表扬，并被媒体多次报道。

我曾经援疆半年，受最高人民检察院指派，赴新疆喀什地区检察机关任广东检察业务援疆工作组组长。喀什位于祖国西陲，这些年来当地始终把维护稳定作为压倒一切的政治任务，实现了社会大局的持续稳定。

只有感受过了才知道喀什很安全，我与援疆工作小组的同事们就经常行走于喀什的大街小巷上。这一切来之不易，国家安全，社会稳定，与党的坚强领导是绝对分不开的。十九大报告中，习近平总书记为我们绘制了美好的蓝图，一定会把我国建设成为社会主义现代化强国。作为一名党员干部，我有信心，更有决心，为祖国的明天、为美好的生活、为中国梦的实现而努力。

——何雄伟

公诉生涯锤炼检察匠心

我出生在粤北山区，家里人口多。记得有一次过节，家里最好的一道菜就是一个鸡蛋，不是每人一个，而是我和三个哥哥分一个。父母没得吃，但看着我们吃他们也很开心。我的父亲是工程预结算员，随着改革开放浪潮中建筑行业的蓬勃发展，家里的日子也逐渐富裕起来。我们家是全村第一个买黑白电视机的，我爸还给我们买了不少书，拓宽了我们的视野。1984 年，大哥成为村里第一个大学生。在他的影响下，我和另外两个哥哥也相继考上了大学。大学毕业后，我被分配到广东省人民检察院。20 多年的公诉生涯，从书记员成长为高级检察官，参与指导办理了“9898”湛江特大走私案、汕尾索尼·韦海盗案、“广州第一黑”周广龙涉黑二审案、案值 99 亿多元涉及全国 23 万受害人的蒋洪伟等人集资诈骗案等一系列大案。2018 年年初，广东省高级人民法院公开宣判了一批社会影响较大的典型涉黑犯罪案件，其中就有我带领办案组攻坚克难并成功办结的陈志伟等 16 人重大涉黑案件。今年，我办理的刘有娣贩卖毒品一案，从无罪成功抗诉改判为无期徒刑，入选“全国检察机关依法惩治和预防毒品犯罪典型案例”。

2016 年，我积极响应最高人民检察院号召，主动报名援疆。援疆是国家战略，检察官援疆是履行国家义务，责任重大！作为一名党培养多年的检察官，我觉得自己应该去。

父子的快乐时光，一有空何雄伟就会回家陪家人

临走前，妻子对我说：“你放心去吧，我会把咱们的大宝和二宝带好的，但你一定要注意安全。”她表面很镇定，但眼睛里有泪水。因为她知道，我去的地方自然条件非常恶劣，沙尘暴、冰雪天气都是我们南方人难以适应的。

妻子的担心并非多余。新疆一盘棋，南疆是“棋眼”，喀什是重中之重。2016 年 10 月 10 日，我作为组长，带领另外 4 名资深检察官组成援疆小组，飞赴新疆喀什。到达喀什后，我们就以“广东作为”担当“广东责任”，一边接手中央督办的两件经济大案，一边与 5 户维吾尔族家庭结对开展“民族团结一家亲”联谊活动。总体来说，喀什是安全、稳定、可控的。我们经常行走在喀什街头，因为我们坚信，这里是我们的地方，肯定安全。如果连在自己国家的街头上行走都不敢，我们为什么要过来援疆？我们还能称为人民检察官吗？我们还是共产党员吗？我有坚定的信心，党和政府有足够的能力确保我们的人身安全。

援疆半年，我对喀什的情况已经非常了解。作为工作组的党支部书记，我经常在支部会议上强调：“喀什的一切工作都紧紧围绕着社会稳定和长治久安总目标，坚决维护国家的统一、民族的团结是喀什各族人民共同的责任，也是我们援疆检察官义不容辞的职责。我们与喀什的各民族干部群众在党的领导下，与‘三股势力’作坚决斗争，就一定能实现喀什的社会稳定和长治久安，对此我们充满了必胜的信心！”回到广东后，我还经常在同事、朋友中重复这番话，希望大家能够了解喀什的真实情况。

亮剑时刻彰显援疆使命

在喀什，我和同事接手的两件案子均是“国字号”大案：一件为公安部督办的140多亿元虚开增值税发票案，涉及24个省的469家公司；另一件为关系群众食品安全和边境管控等重大问题的走私大案，涉案价值1000多万元。

办这两件案子难度挺大，当地语言又不通，但我和同事们都是高标准严要求，努力办成铁案，侦查、逮捕、起诉、审判这些环节我们都是全程参与。在办走私案时，我和同事们要赶到300多公里之外的高原口岸查看现场。2016年10月26日，一路颠簸着前进的车子突然停下来了。原来，不远处刚刚塌方，从山上滚下的几块大石头挡在路中间。5个小时后，道路才终于疏通。经过将近14个小时的车程，我们终于来到了海拔4000多米的高原口岸。那里出奇的冷，我的高原反应也特别强烈，但我还是拿出手机在微信上发了一段文字：“继续前行，务必精准打击！天网恢恢，疏而不漏！”

在南疆，我常常感受到天地之间的凛然正气。出差路上，戈壁滩随处可见的胡杨树，活着昂首一千年，死后挺立一千年，倒下不朽一千年。我们办案，不也需要这样铁骨铮铮的精神吗？呼吸着天地间的浩然正气，看着从覆盖白雪的戈壁上升起的红太阳，我会双手合捧起来，告诉自己：该亮剑时必须亮剑！

家人的关心和支持是何雄伟最坚实的后盾

以何雄伟为组长的五人援疆小组在喀什的时光成了他们工作生涯中一份珍贵的回忆

北疆看风景，南疆看风情。喀什这座城市，既有香妃墓、石头城、高台民居等极具民族风情的美景，又有羊肉抓饭、红柳烤肉等美食。其实，喀什最美的不是自然风景，而是热情友好的新疆人民。他们都是中华民族儿女，都有着一颗向党的心。人心，才是这里最美的风景！让我印象最深的是喀什老城铁匠铺里的工匠，办案遇到难题时，一想到工匠们专注的眼神和那些迸溅的火花，我就会专注于每一起案件，往往解决困境的灵感就来了，有时候还兴奋得睡不着。

2016 年冬至，我出差时不慎在雪地里摔得头破血流，嘴唇缝了十几针，被迫住院治疗，直至元旦才出院。一想到我的同事们奔波几千公里去外地提审、核实证据，我真不好意思躺在医院里。住院期间，我把医院当成了办公地点，与喀什海关缉私局侦查人员在病房里一起讨论研究案件。

经过我们的艰难核实取证，两起“国字号”挂牌案件进入一审阶段，其中一起案件还历经从早上到深夜 12 点的公诉庭审，那真是唇枪舌剑。幸好我们平常的工作做得扎实，努力没有白费，法院全部采纳了我们的指控。最

何雄伟与新疆喀什的孩子们在一起，民族团结一家亲

后，案件经法院审理后均作出有罪判决，赢得了旁听群众、人大代表、政协委员的高度评价，让喀什人民感受到了援疆检察官的尽职尽责和高素质的办案水平。这两起案件成了当地的办案典范。更重要的是，我们的办案理念和思路帮助喀什当地建立了一套办理此类案件的长效机制。

“儿子娃娃”抒发赤子情怀

在喀什的每一天，大家都很忙碌，周末加班是常态，有时候一天要奔波几百公里，甚至上千公里。2016 年 11 月 25 日夜晚 10 时 24 分，新疆阿克陶县发生 6.7 级地震。那天是周五，援疆小组经过一天的紧张工作后，约了同单位的维吾尔族同事看电影，所在地点距离震中不到 80 公里。当天累得不行，看着看着我就迷迷糊糊地睡着了。被地震摇醒后，我还纳闷地问道：“我们买的是 2D 电影票呀，怎么晃晃悠悠的，有种看 5D 电影的感觉？”当同事告诉我地震了，我就想，能跑到哪儿去？何况是在九层楼上，外面下着大雪，冰天雪地的。既来之则安之，我们继续看，这里更加安全。我对大家说：“在

到喀什地区律师协会召开工作座谈会，忙碌的援疆工作让何雄伟（前排左三）感到充实

电影院没有通知疏散前，我们不要慌张，一定要稳住。”其实，我早就已经把喀什的气候、地形和人文环境都了解过了，对当地有地震发生有一定的心理准备，也知道当地房屋质量可靠，是国家投入大量资金援建的，足以抵御较大强度的地震。关键一点是：我是临时党支部书记，必须稳住大家的心，突发事件发生时绝对不能慌张。

晚上，余震不断，我与援疆小组成员度过了难以入眠的一夜。据援疆小组成员、来自珠海市检察院的蓝汉洋回忆：“晚上，躺在床上，寂静的夜里，房间的吊灯咣当咣当响个不停。第二天早上，我们才发现洗手间的玻璃镜都碰碎了。”第二天，广东省检察院领导、我所在处室的处长、单位政治部主任、分管副检察长一一来电，关心工作组的人身安全问题。我将小组成员聚集在一楼大堂，临时召开了党支部会议，我把组织的关心和慰问带给大家，要求大家第一时间向家人、向组织报平安。同时，我还安排人员在每个人的房间里备好饮水、食物，并向当地检察机关党组书记汇报情况，了解当地受灾情况。后来，广东省人民检察院党组书记、检察长在工作组书面报告中作出 150 多字批示，对援疆小组在前期援疆工作中克服困难、敢于担当的精神予以高度肯定。

2017 年 4 月下旬，喀什渐渐变得绿意盎然，树木开始长出嫩芽，广东检察官五人援疆小组为期半年的援疆工作取得了令人满意的成果，即将圆满结束。我心中充满了留恋之情，在朋友圈写道："只有荒凉的沙漠，没有寂寞的人生！在喀什的半年，我们从这个世界路过，收获了很多美好的事、感人的事。我们与当地的检察干警一起生活过、工作过、战斗过，就像石榴籽一样紧紧地抱在一起！"

"手机爸爸"传递人间大爱

喀什的天很晚才黑。忙碌一天之后，一弯寒月，满天繁星，总会勾起我对家人的思念。蛮想家的，尤其是想念我家二宝。我走的时候二宝才1岁，每天视频时，他就对着手机"爸爸、爸爸"地叫。后来，听我爱人说，二宝一叫"爸爸"就在家里到处找手机。我还真有点担心，他会不会认为爸爸就是一部手机？

说到孩子，我想到喀什叶城县一个名叫迪丽努儿的女孩。迪丽努儿患有左眼眼眶骨先天性缺损、先天性白内障等病症，因为家中贫困，父母已经放弃了对她的治疗。喀什检察分院的热娜古丽在驻村工作中发现了迪丽努儿的病况，便在微信群发起捐款倡议，但只筹到5000多元。

那时候，我们已经完成援疆工作任务，工作组成员都回到了各自原来的单位。援疆伙伴余宏文看见这条微信后，马上联系了我。曾经一起战斗过的援友，为了民族团结，为了解决新疆人民的困难，再次团结起来，大家很快筹到了5万元手术费。现在，这个女孩经过了手术，恢复得很好。真的是，一次援疆路，一生两地情。这就是人间的爱，这就是党的温暖。我还记得自己7岁那年，老家洪水泛滥，我们村被淹了，所有人都跑到一个小山包上。就在大家又饿又渴的时候，党和政府派来了直升机，给我们投下了食物和衣服。那时，我幼小的心灵就感受到了党给予的温暖和安全感。作为党员，我在援疆期间，和同事们应该让当地的百姓感受到这份温暖和安全。援疆期间，我听说一个村子里没有路灯，村民晚上出门只能摸黑，很不方便。我就和家乡广东清远市人民检察院联络协调，争取到了某加油站企业家的3万元捐款，给村里装上了太阳能路灯。捐赠仪式结束时，村民们纷纷涌上来围着广东工作组的成员，一声声地喊着："感谢广东人民，感谢广东的检察官！"

回到广州，我又回到了那个让我日夜思念的温暖家庭。每天，我可以看着大宝和二宝兄弟俩在呵护中健康成长；平时，我可以和朋友们痛痛快快地踢一场足球，或者开车带着家人回粤北老家陪陪年迈的父母。一切都是那么美好，而这些都是国家富强给人民群众带来的实实在在的幸福。

声 明

本书所有背景资料，除了特别标明以外，都来自人民网、新华网、中央广播电视总台，以及广东省人民政府网站、2019 年广东省政府工作报告等。

本书图片，绝大部分由署名者及受访者提供，极个别图片的版权所有者无法联系上，请相关版权所有者看到本声明后，与家庭期刊集团全媒体编辑部联系，以便支付稿酬。

联系电话：020-89668322

020-89668300

020-89668285